SER
VEGETARIANO

• *Con profundo amor a mi guía interna.*
• *A mis hijas Elianne y Andrea, tesoros de mi corazón.*
• *A mi querida nieta Daniella.*
• *A mis hermanas Fonsi, Amada, Blanca, Regina y a sus descendencias.*
A la descendencia de mi hermano Julio.
• *A mi hermana por derecho fraternal: Franca*
• *Al Pueblo de San Rafael, Veracruz, cuna de mi amado padre.*
• *Y a todos los que preservan el derecho de los animales*

SER VEGETARIANO

Salud y nutrición en 30 menús

Julia Maitret

EDITORIAL TRILLAS

México, Argentina, España
Colombia, Puerto Rico, Venezuela

Catalogación en la fuente

Maitret, Julia
Ser vegetariano : salud y nutrición en 30 menús. --
México : Trillas, 2003.
159 p. : il. col. ; 27 cm.
ISBN 968-24-6677-6

1. Cocina (Legumbres) - Manuales, vademecums, etc.
2. Recetas. 3. Vegetarianismo. I. t.

D- 641.5636'M322s   LC- TX837'M3.8

Derechos reservados
© 2003, Editorial Trillas, S. A. de C. V.,
Av. Río Churubusco 385, Col. Pedro María Anaya,
C.P. 03340, México, D. F.
Tel. 56 88 42 33, FAX 56 04 13 64

División Comercial, Calz. de la Viga 1132, C.P. 09439
México, D. F., Tel. 56 33 09 95, FAX 56 33 08 70

Miembro de la Cámara Nacional de la
Industria Editorial, Reg. núm. 158

Primera edición, abril 2003
ISBN 968-24-6677-6

Impreso en México
Printed in Mexico

Esta obra se terminó de imprimir y encuadernar
el 11 de abril del 2003,
en los talleres de Rotodiseño y Color, S. A. de C. V.

BM2 80 RW

Agradecimientos

Muchas gracias a mis padres por haberme dado la vida, única oportunidad para hacer crecer mi corazón y expresar amor.

A mis hijas Elianne y Andrea que con su amor, bondad y apoyo han compartido conmigo este círculo de vida…

A mis hermanas, sobrinos y familiares –maestros eternos– por su fuerza, coraje y comprensión, que siempre son un ejemplo.

A mis amigos, almas bondadosas, y a todos los que he conocido a través de mi vida compartiendo un destino…gracias.

Creo en la amistad, la fortaleza, la bondad, la buena voluntad que sólo pueden ser juzgadas por el resplandeciente brillo del Universo.

Doy gracias a la vida, por haber sido bendecida por ella y traerme paz y amor…

Con sincera gratitud en mi corazón hacia todos los angelitos que han hecho posible que este libro se publique:

A la Editorial Trillas, en especial a la editora Nora Fuentes; a Myrna Leiva quien hizo un bello trabajo en la corrección de estilo; a Irma y Emily Meza y Agustín Pimentel quienes pusieron lo mejor de ellos en las fotos de los menús. A Amparo Vergara quien colaboró conmigo cocinando los platillos que se presentan en esta obra. A Evita Aranda, Lucero Chavarría, Julio Cuenca y Regina Maitret. Al grupo ecololgista AMA de Cancún, Quintana, Roo. Y a todos los maravillosos seres humanos que han volcado su sabiduría en los libros, fuente de mi mayor aprendizaje.

Introducción

"El espíritu es la vida, la mente es el constructor, y el cuerpo físico es el resultado."

EDGAR CAYCE

Cambió mi vida, después de 25 operaciones quirúrgicas y padecer desde la juventud amibiasis (estolítica y coli), que al ser tratada con medicamentos alópatas me intoxicó hasta el punto de no tener sensibilidad a cualquier presión y otros efectos como náuseas y vómito.

Mi querido amigo Salvador Flores (Abdalá), me insistía en consultar un médico naturista, pero creo no era mi tiempo, pues no capté la importancia y beneficios que traerían a mi vida.

Durante una visita, mi amigo tomó con desición su teléfono y lo puso frente a mí con el número del médico e hice una cita.

Carlos Michán Amiga, veía el iris de mis ojos diciendo las deficiencias que mi organismo mostraba; parecía que estaba leyendo la lista que llevaba en el bolsillo, la cual ahí se quedó. Salí con las indicaciones para un mes.

Los tratamientos consistían en tés de hierbas, jugos terapéuticos (que son alimentos vivos que dan fuerza y dureza); frutas (cuya función es limpiar, nutrir y curar al organismo), verduras en ensalada (ricas en clorofila con efectos alcalinizantes, sales minerales, vitaminas y celulosa); guisado vegetariano al gusto (leguminosas, cereal y verdura); más ayunos, baño vital y envolturas. Todo esto con el fin de limpiar, reconstruir y revitalizar el organismo.

Empecé a leer libros sobre la zanahoria, el perejil, etc.; para saber qué hacían dentro de mi organismo. Así como de naturismo y practiqué lo que a mi vida iba bien.

En el primer proceso de desintoxicación, mi cara parecía demacrada, pero internamente sentía notable mejoría… Con la familia, a la hora de la comida, mi Yo interno, me iluminó para no hacer una separación; así que todos comíamos la misma ensalada, sopa; y yo sólo comía la guarnición de la carne, como era lo usual.

Al año de este cambio, mi hija Andrea me dijo que quería ser vegetariana. A los dos años lo decidió mi hija Elianne… He tenido pruebas con profundo dolor como las pérdidas de mi hijo mayor de 19 años, mi pequeña de 5, y mi madre, pero estoy completamente convencida que este cambio me dio la fortaleza necesaria para soportarlo y trascenderlo.

En Cancún, pedaleando a cierta velocidad una bicicleta sin frenos y al tratar de evitar dañar a dos turistas, me caí de lado en el pavimento, fracturándome el cuello de fémur el cual quedó implantado. Anduve cojeando una semana, y cumplía con mi vida cotidiana, después de la cual consulté a un especialista quien al ver la radiografía diagnosticó una operación y prótesis.

El motivo que me hizo responsabilizarme de la situación fue el económico. Así que puse en práctica lo que había aprendido y con la valiosísima ayuda de mi hija Elianne y Elenita D'Lucio que me aplicaron cataplasmas de barro sobre el trauma, la de mi sobrino Álvaro Gonzáles Vázquez, de mis queridos vecinos Rebeca y Polo Solares que me hacían de comer; de Paty Garinian y Ricardo Alvarado que me trajo la corteza de consuelda mayor que es curativa para huesos.

Tomaba jugos, principalmente de naranja licuado con ajonjolí… en cama y casi inmovilizada trabajaba para el grupo ecológico AMA, leía e inflaba globos para ejercitar los pulmones… A las siete semanas, ya sin muletas, caminaba normalmente y a los tres meses corría por la playa.

El cuerpo humano, es un misterio, el cual podríamos descubrir poco a poco en la medida que nos corresponde externa e internamente.

La salud es un proceso dinámico de todos los sistemas del cuerpo humano en actividad coordinada de asimilación y eliminación; y en este proceso, el sistema circulatorio y el nervioso son vitales para conseguir la homeostasia o estado de equilibrio perfecto. La salud y bienestar corresponde a uno mismo si se acepta la responsabilidad de atender lo físico, lo mental y lo espiritual en colaboración con el médico.

Sería prudente preguntarnos si ingerimos lo más adecuado. La nutrición es lo que nuestras células reciben, en cuanto a calidad, si consumimos frutas y verduras frescas (tratando de evitar las que hayan sido gaseadas para acelerar su maduración, pues el gas es un detonador en las células) y en cantidad, comiendo moderadamente para estimular la función digestiva y de acuerdo con la edad, sexo, actividad física, etcétera.

También es muy importante observar los ciclos de la vida que cumplen un propósito en nuestras energías, nuestros cuerpos y en la vida misma.

Tener un objetivo en la vida, con pensamientos y emociones constructivas y mantener los sistemas endocrino e inmunológico en óptimas condiciones nos mantendrá con vigor y equilibrio.

JULIA MAITRET

Índice de contenido

Vegetarianismo

"En mi opinión, por efecto puramente físico sobre el temperamento humano, la manera vegetariana de vivir, ejercería una influencia sumamente benéfica sobre la suerte de la humanidad."

ALBERT EINSTEIN

En general, la vida naturista o vegetariana, en lo que a alimentación se refiere, se basa en el consumo de productos de origen vegetal. El vegetarianismo es parte del naturismo, su finalidad es restablecer y conservar la salud y el vigor en el ser humano. Pero también existen otras razones como son las normas higiénicas, ecológicas, éticas, espirituales (paz interna) y la visión positiva con respecto a la alimentación, la salud, las plantas, la música y en general al mundo que nos rodea.

En conjunto, las prácticas del naturismo y el vegetarianismo, incluyen regresar a la naturaleza manteniendo contacto con la tierra; a la vida sencilla que fortalece al cuerpo, la mente y el alma, que vislumbra y descubre horizontes insospechados de belleza.

La doctora Frances Moore Lappé (Premio Nobel) en su libro *La dieta ecológica*, dice: "la alimentación vegetariana es la solución al problema del hambre...", "el cambio de nuestras costumbres alimenticias es tan solo el primer paso hacia la utilización racional de los productos agrarios..."

Es necesario saber qué es nocivo para la salud y qué es necesario eliminar sin exagerar las "prohibiciones"; como también conocer los alimentos que hay que incluir, que aunque no sean los acostumbrados, son muy benéficos para el organismo. Conocer el valor de los alimentos y lo que necesita nuestro cuerpo tiene sus compensaciones.

Hay que evitar, en lo posible, seguir regímenes alimentarios que nos limiten, a reserva de que sea por crisis de salud. Hay que tener libertad para consumir alimentos que nos gusten o seguir regímenes que nos agraden aprendiendo del mundo exterior; sin embargo, en todo momento hay que conservar el equilibrio entre el mundo exterior y nuestra guía interna para ser mejores seres en una dimensión espiritual superior.

Existen varios criterios y tendencias sobre el vegetarianismo, veremos brevemente las tres posturas principales:

1. Los crudívoros, sostienen que la ingestión de frutas, verduras y semillas (nueces, almendras, etc.), tal como nos lo da la naturaleza, más el agua pura, los jugos de frutas y de vegetales, es el grado máximo de perfección alimenticia para el ser humano. El doctor Amílcar de Souza afirmaba que "al hacerse cocinero, el hombre enfermó y abrevió su existencia". Otros afirman que el tipo de alimentación crudívora, es incompleta y que sería más indicada para un tratamiento depurativo, reconstituyente y remineralizante.

2. Los vegetarianos, se alimentan exclusivamente del Reino vegetal y someten los productos a ciertos tipos de preparación, excluyendo el consumo de algunos productos como: nuez moscada, pimienta, té negro, café y tabaco. Emplean como bebida el agua pura y los jugos de frutas y de verduras.

3. Los lacto-ovo-vegetarianos, son los que adoptan una posición más contemporizadora. Mezclan frutas y vegetales crudos o cocidos, granos integrales y oleaginosas con huevos y leche (y sus derivados) de procedencia animal. Esta tendencia parece ser la más aceptada, pues permite gran variedad en la preparación de platillos sin aburrir a la persona.

Dieta de sustitución

Si está interesado en cambiar su dieta (consulte a su médico) a lacto-ovo-vegetariana, puede hacerlo lenta y gradualmente hasta en cuatro semanas según lo expone el doctor Vander (Adriaen Vanderput).

Primera semana, coma huevos y carne como los acostumbre más sus alimentos habituales.

Segunda semana, coma los huevos acostumbrados y sustituya la carne por aves o de preferencia pescado. Elimine té negro, café y reduzca la cantidad de sal.

Tercera semana, coma los huevos acostumbrados, disminuya la cantidad de pescado y pollo a 50 g diarios.

Cuarta semana, ya puede seguir el régimen lacto-ovo-vegetariano consumiendo además frutas secas y oleaginosas de gran valor calórico.

Es posible que el principiante al dar sus primeros pasos en la vida natural, experimente durante algunos días la necesidad de los excitantes antinaturales a los que estaba acostumbrado su organismo (carne, café, tabaco, alcohol). Como recomendación adicional al cambio gradual, tome entre comidas levadura de cerveza con algún jugo de fruta, de preferencia con jugo de naranja; ésta contiene todos los aminoácidos necesarios para una buena nutrición y las vitaminas del grupo B (en especial riboflavina), que ayudan a la asimilación de almidones. También, agregue levadura a las recetas basadas en harina.

Si realmente ha aceptado con pleno convencimiento este sistema de vida, que incluye bañar el cuerpo con agua fría, aire, luz y sol (elementos indispensables para conservar la vida), recibirá los estímulos necesarios para las funciones vitales, recuperará la salud y aumentará su resistencia de acuerdo con las leyes naturales que fluyen de la Inteligencia Suprema

La doctora Frances Moore Lappé, de su experiencia personal, nos da otra opinión sobre el cambio gradual en la alimentación, "… y cuanto más descubríamos las deliciosas posibilidades de alimentos que siempre habíamos descuidado, menos importante nos parecía la carne y menos atractiva… empezó a tener un papel cada vez más pequeño en nuestra alimentación a medida que era desplazada por formas nuevas y más interesantes de satisfacer nuestras necesidades diarias de proteínas".

Es recomendable hacer el cambio de régimen alimenticio de carnívoro a vegetariano, en forma gradual y de acuerdo con la edad de la persona. Ya que hacerlo de un día para otro, le ocasionaría la desintegración de albúmina de los tejidos y un estado de intoxicación por la separación de nitrógeno de éstos, y el resultado sería desnutrición, ya que el nitrógeno fija a las demás sustancias al cuerpo.

Llevemos una vida mucho más natural, más razonable, más libre de malestares físicos y de inquietudes espirituales para cambiar el medio en el cual estamos sumergidos. El amor y el cuidado por nuestro planeta, nuestra madre Tierra, nos será recompensado con creces dándonos salud, alegría, paz y bienestar. El ser humano que se prepara para recuperar y mantener su salud, trabaja para su bienestar y el de la raza humana en general.

En la siguiente tabla encontrará algunos principios de sustitución, a los que se acostumbrará rápido y empezará a notar de inmediato mejoría en su salud.

La dieta de sustitución debe ser 20 % ácida y 80 % alcalina.

Sustituya:	Por:
Líquidos fríos	Bebidas a temperatura ambiente
Líquidos con las comidas	Tomarlos $\frac{1}{2}$ hora antes o después
Agua de la llave	Agua destilada o de ósmosis reversible
Café, refrescos, alcohol, té	Jugos de frutas o verduras, tés herbales
Leche de vaca	Leche de cabra, de soya, o tofu
Azúcar blanca	Melaza, mascabado, miel de abeja o maple
Harina blanca	Harina integral
Pan blanco	Panes integrales
Cereales refinados	Cereales integrales (con cascarilla)
Alimentos fritos	Alimentos crudos o ligeramente hervidos
Alimentos enlatados	Alimentos frescos o ligeramente hervidos
Aceites hidrogenados	Aceites naturales

Alimentación diaria óptima

2	frutas	20 %
6	vegetales	60 %
1	almidón	10 %
1	proteína	10 %

Con este balance, las personas enfermas recuperarán el equilibrio orgánico; las sanas tendrán más energía para su actividad diaria.

Su despensa

En su despensa no deben faltar:

- **Harinas integrales.** De trigo, soya, avena, etcétera.
- **Leguminosas.** Lenteja, frijol, garbanzo, alubia, etcétera.
- **Cereales.** Arroz integral, cebada perla, trigo, avena, mijo, pastas integrales, etcétera.
- **Semillas.** Ajonjolí, almendra, nueces, avellana, etcétera.
- **Aceites.** *Para consumo:* aceites vírgenes (prensados en frío), de oliva, girasol, maíz, ajonjolí, linaza. *Para freír:* aceite de oliva, aceite de cacahuate, margarina. *Para ensaladas:* aceite de oliva, linaza, aguacate, ajonjolí.

Menús

Los siguientes menús están elaborados en tres tiempos o tres platillos: ensalada, sopa y guisado siguiendo la sencilla tradición. En general, las recetas son para servir a seis personas.

Poco a poco seremos más libres respondiendo de forma natural y gradual a nuestro apetito y eligiendo un solo plato fuerte acompañado de ensalada o verduras al vapor. Las semillas (nueces, almendras, etc.) enriquecen cualquier ensalada.

Ensalada de pepino

Ingredientes

- 1 lechuga
- 1 pepino
- 1 manojo de cilantro, picado
- 1 cebolla, cortada en rodajas
  Vinagreta (véase *Aderezos*)
  Germinado de soya

Preparación

Parta la lechuga con las manos en trozos pequeños. Lávela, desinféctela y séquela (si gusta guárdela en una bolsa de plástico en el refrigerador hasta el momento de usarla). En una ensaladera ponga la lechuga, el pepino, la cebolla desflemada, el cilantro desinfectado y el germinado de soya. Aderece con la vinagreta.

Puré de camote

Ingredientes

- 2 camotes grandes

Preparación

Cueza los camotes con cáscara en poca agua. Ya cocidos pélelos y macháquelos para formar el puré. Sirva al natural.

Tortitas de ejote

Ingredientes

- 750 g de ejotes
- 4 huevos
- $^1/_2$ cebolla
- 3 tomates rojos
- 1 diente de ajo

Preparación

Lave los ejotes, quíteles los extremos y córtelos en trozos chicos. Cuézalos con poca agua y con un trozo de cebolla y sal. Escúrralos. Conserve el agua para el caldillo. Pique el resto de la cebolla y mézclela con los huevos y los ejotes. En una sartén caliente, aceite y vaya poniendo cucharadas de esta mezcla, fría por ambos lados.

Caldillo. Licue el tomate rojo con un trozo de cebolla y el ajo, sofría con poco aceite. Agregue el agua de cocimiento de los ejotes. Sazone con sal. Deje hervir unos minutos y ya casi para servir agregar las tortitas.

Ensalada americana

Ingredientes

    3   tazas de arroz cocido
    1   taza de apio, picado
    1   taza de pimiento morrón, picado
    6   huevos duros picados
    2   cucharadas de pimentón
    1   taza de yoghurt
    1   cucharada de mostaza
    4   cucharadas de aceite de oliva
    1   jícama cortada en cubos

Preparación

En un platón acomode el arroz, el apio, el pimiento, la jícama y el huevo. Aparte en un recipiente mezcle el resto de los ingredientes y aderece la ensalada, revuelva para bañar bien los ingredientes.

Puré de lenteja

Ingredientes

300   g de lenteja
    3   cucharadas de tamari o miso
        Sal de mar al gusto
    1   hoja de laurel
  1/8   de cebolla
    1   diente de ajo

Preparación

Cueza la lenteja en agua con el laurel, la cebolla, el diente de ajo y la sal. Ya que estén cocidas, escúrralas y páselas por un colador, si es necesario agregue un poco del caldo (puede hacer el puré en la picadora). Ponga al fuego unos minutos, mueva sin cesar. Condimente con el tamari o el miso, calcule media cucharada por persona, al servir puede condimentar el puré con un poco de aceite de oliva.

Zanahoria al perejil

Ingredientes

    1   kg de zanahoria
  1/2   taza de perejil, picado
    2   cucharadas de aceite vegetal
        Sal de mar al gusto
  1/2   cucharada de tamari

Preparación

Pique la zanahoria en cubos y cuézala en poca agua con el aceite, 10 minutos a fuego bajo. Cuando se consuma el agua condimente la zanahoria con el tamari, la sal y el perejil. Apague y deje reposar.

Rajas con queso

Ingredientes

    1   kg de chile poblano
    2   cebollas, rebanadas
300   g de queso asadero rallado
        Aceite vegetal
        Yoghurt al gusto
        Sal al gusto
  1/2   taza de elote desgranado y cocido

Preparación

Ase los chiles poblanos, desvénelos y córtelos en rajas. En una sartén caliente un chorro de aceite y sofría la cebolla, las rajas y el elote, sazone con sal, deje cocer 5 minutos a fuego bajo. Apague y encima distribuya el queso y deje reposar, para que gratine. Al servir bañe la mezcla con el yoghurt.

Ensalada de berro

Ingredientes

  2 manojos de berro
     Queso Roquefort al gusto
  1 taza de yoghurt natural
  7 almendras
2 a 3 dientes de ajo
     Salsa de soya al gusto

Preparación

Lave y desinfecte los berros, escúrralos y colóquelos en una ensaladera. Licue el resto de ingredientes. Ya para servir, vierta el aderezo sobre el berro y mezcle para bañarlo.

Sopa de coliflor

Ingredientes

1 coliflor chica cocida, conserve el líquido de cocción
4 cucharadas de poro, picado
1 cucharada de mantequilla
1 ℓ de caldo de verdura
1 tomate rojo asado, molido y colado
   Perejil al gusto
   Sal y pimienta, al gusto

Preparación

Licue la mitad de la coliflor en el agua de cocción, pique la otra mitad. En la mantequilla sofría el poro, agregue el tomate rojo y deje cocer. Sazone con sal y pimienta. Agregue el caldo de verduras, la coliflor picada y deje sazonar 6 minutos. Sirva con perejil bien picado.

Soya en salsa de nuez

Ingredientes

300 g de protoleg (soya texturizada) o gluten de trigo cortado en cuadros
250 g de nuez
 ½ bolillo, frito ya frío
  1 cebolla
  2 cucharadas de ajonjolí, tostado ligeramente
  2 tomates rojos grandes, maduros
  1 raja de canela
  1 clavo
  2 chiles guajillo
  1 chile ancho
 ¼ de plátano macho
  3 cucharadas de aceite
    Sal al gusto
    Hierbas

Preparación

En una olla con suficiente agua, ponga a hervir un poco de todas las hierbas que tenga en su refrigerador o su despensa junto con la cebolla y la sal, cuando las hierbas hayan soltado su sabor, sáquelas e incorpore la soya texturizada deje que dé un hervor. Déjela reposar para que se hidrate y luego escúrrala muy bien apretándola. Fríala hasta que dore.

Licue el resto de los ingredientes y cuélelos. Fría la mezcla en el aceite, sazónela con sal y agregue la soya. Déjela sazonar bien. Es un platillo delicioso.

Ensalada de brócoli

Ingredientes

- 1 pieza de brócoli
- 1 taza de nueces
- ½ taza de mantequilla

Preparación

Cueza el brócoli ligeramente al vapor. Mientras, saltee la nuez ligeramente en la mantequilla. En un refractario, ponga el brócoli y espolvoréelo con la nuez salteada. Si gusta métalo al horno 10 minutos a 240 °C. Si gusta puede espolvorear el platillo con queso parmesano.

Arroz con elote

Ingredientes

- 1 taza de arroz integral
- ½ taza de elote desgranado
- ¼ de cebolla
- 3 dientes de ajo
- 2 tomates rojos
- 2 cucharadas de poro, picado
- 4 cucharadas de aceite
- 3 tazas de agua
  Sal al gusto

Preparación

Lave el arroz y póngalo a remojar en agua hirviendo, 15 minutos. Enjuáguelo con agua fría y escúrralo. Fríalo a que dore ligeramente, luego agréguele el tomate rojo molido con la cebolla, el ajo y el poro colados. Agregue el elote, tape y deje cocer a fuego bajo aproximadamente 45 minutos. Cuando ya casi esté suave y seco, apague el fuego y déjelo reposar tapado.

Potaje de alubias

Ingredientes

- 500 g de alubias
- 1 ½ ℓ de caldo de verduras
- 1 kg de tomate rojo picado
- 1 cebolla, picada
- 1 diente de ajo, picado
- 2 chiles chipotle secos
- 2 pimientos verdes
- 2 pimientos rojos
- 1 manojo de perejil, picado
- 1 hoja de laurel
- ½ cucharada de tomillo seco
- 2 cucharadas de aceite vegetal
  Sal al gusto
- 1 taza de vino tinto (opcional)

Preparación

Remoje las alubias la noche anterior. Cuézalas media hora en el caldo de verduras y el vino tinto. Mientras, fría el ajo, la cebolla, el tomate rojo, las hierbas, el chipotle y la sal, vacíe el sofrito en la olla con las alubias. Deje cocer 1 hora a fuego bajo. Corte los pimientos en tiras y agréguelas a las alubias, deje cocer hasta que las alubias estén suaves y el caldo se haya consumido un poco. Mueva de vez en cuando. Al servir, espolvoree un poco de perejil.

Ensalada de espinaca

Ingredientes

- 2 manojos de espinacas frescas
- 3 huevos, cocidos y rebanados
- 160 g de queso gruyère, cortado en tiras
- 4 cucharadas de cebollín picado

Croutones al ajo

- 3 rebanadas de pan
- 3 dientes de ajo machacados y picados
- 3 cucharadas de aceite de oliva

Aderezo

- 1 cucharada de mostaza Dijón
- 1 cucharada de cebollín fresco picado
- $\frac{1}{2}$ taza de aceite de oliva
  - Jugo de 1 limón
  - Sal al gusto

Preparación

Lave, desinfecte y seque las hojas de espinaca, acomódelas en una ensaladera, adórnela con las rebanadas de huevo, el queso y encima espolvoree el cebollín. Antes de servir bañe la ensalada con el aderezo y los croutones de pan. Si gusta agregue amaranto o castañas.

Croutones al ajo. Tueste el pan, córtelo en cubos, fríalo un poco en el aceite y agregue el ajo, deje dorar un poco más. Deje enfriar y guárdelo en un frasco hermético hasta que lo vaya a utilizar.

Aderezo. Mezcle el cebollín con la mostaza, el jugo de limón y la sal. Por último agregue el aceite en un hilo delgado sin dejar de revolver con un batidor de mano.

Menestra de verduras y pasta

Ingredientes

- 1 berenjena cortada en cubos
- 3 calabazas
- 3 tomates rojos maduros, picados
- $\frac{1}{2}$ cebolla, picada
- 2 dientes de ajo machacados y picados
- 6 tazas de caldo de verduras
- 1 rama de romero fresco
- 4 cucharadas de aceite de oliva
  - Sal y pimienta negra, al gusto
- 250 g de pasta integral al gusto
- $\frac{1}{4}$ de taza de albahaca picada
- 5 cucharadas de queso parmesano rallado

Preparación

Espolvoree la berenjena con sal y déjela reposar 10 minutos. Mientras, corte las calabazas en tiras gruesas. Sofría el ajo, la cebolla, la berenjena y la calabaza. Agregue el tomate rojo, el caldo necesario y el romero. Sazone y deje cocer a fuego bajo de 10 a 15 minutos. Aparte, cueza la pasta en agua con suficiente sal, 6 minutos. Escúrrala y tire el agua. Agréguela a la verdura junto con la albahaca. Al servir espolvoree encima el queso.

Chayotes al horno

Ingredientes

- 3 chayotes grandes
- 1 taza de tomate rojo, picado
- 2 huevos batidos
- $\frac{1}{2}$ cucharadita de jengibre
- 2 cucharadas de cebolla, picada
- 6 cucharadas de perejil, picado
- 1 taza de germen de trigo
  - Pan molido
  - Sal al gusto
- 4 cucharadas de aceite

Preparación

Cueza los chayotes y córtelos en cubos. Mezcle los huevos, el aceite, el tomate rojo, la mitad del perejil, el jengibre, la cebolla, la sal y el chayote. En un refractario engrasado vierta la mezcla, encima espolvoree el germen de trigo y un poco de pan molido. Hornee 20 minutos a 240 °C. Acompañe con el perejil restante.

Ceviche de okara

Ingredientes

2 tazas de okara cocida y seca

$1/3$ de cebolla, picada

3 tomates rojos, picados

2 chiles verdes rebanados

$1/2$ taza de cilantro fresco, picado

10 aceitunas, picadas

5 cucharadas de aceite de oliva

2 aguacates cortados en cubos

1 cucharada de alga espirulina o

$1/2$ taza de alga en tiras (ijiki)

Jugo de limón al gusto

Catsup al gusto

Sal al gusto

Preparación

Mezcle todos los ingredientes con mucha suavidad excepto el aguacate, el cual se agrega al final. Sirva en copas de cristal y adorne con rebanadas de tomate rojo, agregue el aguacate y las aceitunas. Sirva frío o al tiempo con galletas integrales.

Sopa de hongos (de la abuela)

Ingredientes

1 kg de diferentes hongos, lavados

5 dientes de ajo, picados finamente

$1/2$ cebolla picada finamente

1 rama de epazote

Sal y pimienta al gusto

Aceite

Preparación

En un poco de aceite sofría el ajo y la cebolla, agregue los hongos, sólo déles una pasada. Agregue agua, sal y pimienta. Cuando suelte el hervor incorpore el epazote. Si desea darle el toque picoso agréguele uno o dos chipotles secos. Esta sopa sabe mejor recalentada al día siguiente.

Alcachofas a la vinagreta

Ingredientes

7 alcachofas cocidas

Vinagreta (véase *Aderezos*)

Preparación

En el centro de un platón ponga la vinagreta en un recipiente chico y alrededor acomode las alcachofas deshojadas y los corazones limpios.

Antes de cocer las alcachofas córteles las puntas y quíteles las hojas duras.

Guisado de salsifís (opcional)

Ingredientes

1 kg de salsifís cocido y pelado

2 tomates rojos, picados

1 pimiento cortado en rodajas

$1 1/2$ cebollas cortadas en lunas

2 cucharadas de ajo, picado

4 cucharadas de aceite

Hierbas de olor

Sal al gusto

Preparación

En el aceite sofría el ajo y la cebolla, agregue el tomate rojo, el pimiento y el salsifís. Sazone con las hierbas de olor y deje cocer a fuego bajo. Apague y deje reposar.

Ensalada de germinados

Ingredientes

- 2 tazas de frijol mungo germinado (germinado de soya)
- $^1/_2$ taza de germinado de alfalfa
- 1 $^1/_2$ tazas de tomate rojo, picado, sin piel
- $^1/_2$ taza de cebolla cortada en lunas
- 3 cucharadas de cilantro, picado finamente
- 3 cucharadas de perejil, picado finamente
- 1 a 2 aguacates cortados en cubos
  - Jugo de 1 limón
- 3 cucharadas de aceite de oliva
  - Sal o salsa de soya al gusto

Preparación

Desinfecte los germinados y escúrralos bien. Mezcle todos los ingredientes y al final agregue el aguacate rociado con limón. Si quiere bañe la ensalada con el aderezo de su agrado.

Sopa de avena

Ingredientes

- $^3/_4$ de taza de avena
- $^1/_2$ taza de poro, picado
- 1 ajo, picado
- 1 rama de hierbabuena
- $^1/_4$ de cucharada de nabo, picado
- 1 cucharada de cebolla, picada
- $^1/_2$ taza de apio y hojas de apio, picados
- 1 xoconoxtle, picado sin semillas
- 4 cucharadas de aceite
- 2 litros de agua o de caldo
  - Sal al gusto

Preparación

En el aceite sofría el ajo, la cebolla y las verduras, agregue el agua o el caldo. Cuando las verduras estén a medio cocer incorpore la avena y deje cocer a fuego bajo 5 minutos. Sazone con sal y agregue la hierbabuena. Apague y deje reposar.

Albóndigas

Ingredientes

- 2 $^1/_2$ tazas de avena
- 1 cebolla, picada
- 10 ramas de perejil, picadas
- 70 g de nuez, picada
- 1 cucharada de mostaza Dijón
- 1 cucharada de mayonesa
- 3 huevos
  - Sal al gusto
- 2 cucharadas de harina

Salsa de tomate

- 500 g de tomate rojo o tomate verde
- $^1/_2$ cebolla grande, picada
- 4 dientes de ajo machacados y picados
- 1 cucharadita de azúcar mascabado
- 1 a 2 hojas de laurel
  - Tomillo al gusto
  - Perejil al gusto
  - Sal y pimienta, al gusto
- $^1/_2$ cucharadita de aceite

Preparación

Mezcle todos los ingredientes. Forme las albóndigas y fríalas. Sírvalas con la salsa.

Salsa de tomate. Licue y cuele el tomate. En aceite caliente, sofría el ajo, la cebolla y vierta el tomate rojo, las hierbas y el resto de los ingredientes. Deje cocer 20 minutos a fuego bajo.

Ensalada de queso cottage

Ingredientes

1 taza de queso cottage
2 zanahorias ralladas
2 tazas de piña fresca cortada en cubos
4 cucharadas de cada uno, pasas y nueces
Hojas de lechuga

Preparación

Mezcle todos los ingredientes y sirva sobre las hojas de lechuga.

Sopa de nopal

Ingredientes

6 nopales tiernos cortados en cubos
3 zanahorias cortadas en cubos
3 tomates rojos
3 dientes de ajo
$^{1}/_{2}$ cebolla
2 chiles chipotle, fritos
1 chile pasilla, frito
7 tazas de caldo de verduras
1 cucharada de harina diluida en caldo
3 cucharadas de aceite
Sal al gusto

Preparación

Cueza los nopales con poca agua y con poca sal. Ya cocidos cuélelos. Licúe el tomate, la cebolla, el ajo, luego sofría la mezcla en el aceite. Incorpore la zanahoria, el nopal y suficiente caldo para obtener una sopa caldosa. Tape y cueza a fuego bajo hasta que la zanahoria esté a medio cocer. Apague y deje reposar. Aparte fría los chiles y córtelos en tiras, agréguelos a la sopa ya en la mesa.

Puré de garbanzo (Humus be tjine)

Ingredientes

1 taza de garbanzo, cocido (conserve el agua de cocción)
2 cucharadas de salsa de ajonjolí
3 dientes de ajo
Jugo de 2 limones
7 nueces o al gusto
Salsa de soya o sal, al gusto

Preparación

Licue todos los ingredientes con un poco del caldo en el que se cocieron los garbanzos, debe quedarle con consistencia de puré. Vierta en un platón y adorne con nueces, pimentón, un poco de aceite de oliva y perejil. Acompañe con pan árabe cortado en triángulos. Como botana también es delicioso.

Quelites

Ingredientes

500 g de quelites
500 g de tomate rojo, picado
1 cebolla, picada
4 dientes de ajo

Preparación

Cueza los quelites con poca agua y un pedazo de cebolla a fuego bajo unos minutos. Aparte, sofría el ajo, la cebolla y el tomate, incorpore los quelites, sazone con sal y deje cocer 5 minutos.

Ensalada susuky

Ingredientes

$^1/_4$ de col morada, cortada finamente
500 g de champiñones
6 tallos de apio, picados grueso
6 cebollines cortados en rodajas
1 de cada uno, chile morrón verde y rojo, cortados en tiras finas
100 g de almendra o semilla de calabaza
Salsa de soya al gusto

Preparación

Desinfecte los champiñones y córtelos en rebanadas. Mezcle todos los ingredientes y sazone la ensalada con la salsa de soya.

Sopa de cebada perla

Ingredientes

7 cucharadas de cebada perla
3 de cada una, zanahorias y calabazas ralladas
1 de cada uno, nabo rallado y pimiento morrón picado
$^1/_2$ taza de poro, picado
1 diente de ajo
$^1/_2$ cebolla, picada

Preparación

Remoje la cebada una hora y luego cuézala en agua 25 minutos. Mientras, sofría el ajo, la cebolla y el pimiento morrón, luego agregue los demás ingredientes. Vacíe el refrito a la cazuela con la cebada y deje cocer 5 minutos más a fuego bajo.

Chiles rellenos de frijol

Ingredientes

7 chiles poblanos asados y limpios
2 tazas de frijol cocido y machacado
3 dientes de ajo machacados y picados
$^1/_2$ cebolla, picada
125 g de cada uno, quesos panela y Chihuahua, rallados
2 cucharadas de aceite
$^1/_2$ taza de chorizo vegetariano
Sal al gusto

Salsa

4 a 5 tomates rojos, asados
3 dientes de ajo
$^1/_2$ cebolla
2 cucharadas de aceite
Sal al gusto

Preparación

En el aceite fría el chorizo, el ajo y la cebolla, después agregue el frijol y la sal. Rellene los chiles con el frijol refrito y los quesos. Prepare la salsa y bañe los chiles. Si prefiere en lugar de salsa acompañe los chiles con guacamole y col.

Salsa. Licue el ajo, la cebolla y el tomate; fríalos en el aceite. Vierta la salsa sobre los chiles.

Ensalada de alubia

Ingredientes

- 500 g de alubia cocida (conserve el líquido de cocción)
- 7 zanahorias cortadas en cubos
- 1 cebolla, picada
- 5 cucharadas de perejil, picado
  Chorizo vegetariano frito
- 2 cucharadas de vinagre de manzana
  Sal al gusto

Preparación

Escurra las alubias, ya frías acomódelas en una ensaladera. Mezcle todos los ingredientes con un poco del caldo de cocción, deje reposar 2 horas, vierta la mezcla en la ensaladera y sirva.

Verduras al vapor

Ingredientes

- 1 kg de verduras: zanahoria, ejote, elote, chayote, calabaza, chícharos y las que prefiera
  Mantequilla
  Ajonjolí al gusto

Preparación

Corte las verduras en trozos. Póngalas a cocer en una vaporera. Sirva las verduras calientes con trozos de mantequilla, espolvoréelas con ajonjolí o gomasio (véase *Aderezos*).

Tzotobilchay (Yucatán)

Ingredientes

- 1 kg de masa de maíz
- $\frac{1}{4}$ de litro de aceite vegetal
- 30 hojas de chaya, picadas
  Sal al gusto
- 6 huevos cocidos y picados
- 4 a 5 tomates rojos asados
- 1 cebolla
- 200 g de pepita de calabaza molida
  Chile al gusto
  Hojas de plátano o papel de aluminio

Preparación

Licue el tomate, la cebolla y el chile; cuele la mezcla y fríala con dos cucharadas de aceite y sazone con sal. Aparte, mezcle la masa con el aceite, la sal y la chaya lavada. Amase bien.

Soase las hojas de plátano: páselas rápidamente por la lumbre sólo de un lado y córtelas según el tamaño del tzotobilchay. Puede hacer un rollo grande o varios chicos como tamales. Acomode las hojas de plátano y encima extienda la masa, espolvoree la pepita, distribuya el huevo y por último rocíe la salsa; envuelva la masa con las hojas de plátano, apriete bien. Cueza al vapor. Para servir rebane el rollo y a cada rebanada espolvoréele más pepita y salsa.

Puede sustituir la chaya por espinaca o acelga.

NOTA. Cuando utilice harina de maíz, licue un pedazo chico de cebolla en poca agua caliente con sal y ámasela, le dará mejor sabor a la masa.

Tabule (Ensalada de trigo)

Ingredientes

1 taza de trigo quebrado, remojado
2 tomates rojos, picados
$^{1}/_{2}$ cebolla grande, picada
4 cucharadas de perejil, picado finamente
7 cucharadas de hierbabuena, picada
$^{1}/_{2}$ pepino, picado
4 cucharadas de aceite de oliva
Jugo de 1 limón
6 hojas de lechuga
Sal al gusto

Preparación

Desinfecte todas las hierbas y la lechuga. Mezcle todos los ingredientes menos la lechuga y deje reposar. En un platón acomode las hojas de lechuga y sobre cada hoja sirva el tabule.

Sopa de haba

Ingredientes

1 taza de haba seca
1 cebolla en trozos
1 cebolla, picada finamente
2 tomates rojos, picado
1 taza de cilantro, lavado y picado
$^{1}/_{4}$ de cucharadita de comino molido
2 cucharadas de aceite
Sal al gusto

Preparación

Remoje las habas 24 horas antes. Cuézalas en suficiente agua con la cebolla en trozos, cuando estén a medio cocer incorpore el resto de los ingredientes excepto el cilantro que se agrega después de apagar la olla. Deje reposar y sirva caliente.

Filetes a la holandesa

Ingredientes

7 filetes de gluten de trigo o crepas
$^{1}/_{2}$ taza de vinagre de manzana
2 dientes de ajo
$^{1}/_{4}$ cebolla
Pimienta y sal de mar, al gusto
Mostaza, la necesaria
1 queso crema grande
1 manojo de cebollín picado

Preparación

Licue el vinagre, el ajo, la cebolla, la sal y la pimienta. Ponga los filetes de gluten en un recipiente, vierta el escabeche y deje macerar de 12 a 24 horas. Transcurrido el tiempo unte los filetes con la mostaza. Aparte, revuelva el queso con el cebollín y acomode sobre los filetes; enróllelos y colóquelos en un refractario, hornee de 20 a 30 minutos, a 240 °C. Saque del horno, acomode los filetes en un platón y el relleno que quede en el refractario lícuelo con un poco de leche o yoghurt y con esta salsa bañe los filetes y sirva.

Ensalada de nopal

Ingredientes

- 10 nopales tiernos
- 2 tomates rojos rebanados
- 1 cebolla, rebanada finamente
- 1 manojo de cilantro, picado
- 2 aguacates
- 100 g de queso panela
- 150 g de queso añejo
- Jugo de 1 limón
- Aceite de oliva
- Sal al gusto

Preparación

Corte en tiras delgadas los nopales ya limpios (sin espinas), cuézalos al vapor en poca agua con sal. Una vez cocidos escúrralos y déjelos enfriar. Sazónelos con el aceite, el jugo de limón y la sal. Páselos a una ensaladera y adorne con el cilantro (desinfectado), el tomate, la cebolla, el aguacate y los quesos.

Sopa de elote

Ingredientes

- 2 tazas de elote tierno desgranado
- 3 cucharadas de poro, picado
- 2 cucharadas de cebolla, picada
- 6 cucharadas de apio, picado
- 1 rama de hierbabuena

- 2 cucharadas de aceite vegetal
- Sal al gusto
- 4 tazas de agua o caldo de verdura
- 1 diente de ajo, picado

Preparación

En el caldo cueza el elote, el poro y el apio. Aparte, con el aceite sofría el ajo y la cebolla, después incorpore al caldo. Por último, agregue la hierbabuena y la sal. Si quiere espesar un poco la salsa, licue y cuele una parte del elote cocido. Si prefiere, licue una papa chica cocida y agréguela a la sopa, antes de que se sazone y sirva.

Huauzontles

Ingredientes

- Ramas de huauzontle
- 3 tomates rojos
- 2 chiles pasilla
- $\frac{1}{2}$ cebolla
- 3 dientes de ajo
- 2 huevos
- 300 g de queso fresco o panela
- Sal al gusto
- Aceite el necesario

Preparación

Desgaje las ramas de huauzontle y cuézalos ligeramente en poca agua con sal. Ya que estén cocidos, escúrralos bien. En medio de cada rama ponga un trozo de queso.

Separe los huevos, primero bata las claras a punto de turrón, luego agregue las yemas. Enharine las ramas rellenas, luego páselas por el huevo y fríalas en aceite. Aparte licue el tomate con la cebolla, el ajo y los chiles, cuele la salsa y sofríala en poco aceite, agregue caldo de verduras, la salsa no debe quedar espesa, sumerja los huauzontles. En tiempo de calor puede servirlos sólo con ensalada.

Ensalada verde mixta

Ingredientes

- 1 lechuga chica
- 1 manojo de espinaca
- 1 coliflor chica
- 12 floretes de brócoli
- 5 calabazas cortadas en rodajas
- 2 tazas de germinado de alfalfa
- $\frac{1}{3}$ de taza de semilla de ajonjolí
- $\frac{1}{3}$ de taza de mayonesa
- 2 yemas de huevo cocidas
- 3 cucharadas de jugo de naranja
- 1 taza de yoghurt
- $\frac{1}{4}$ de taza de vinagre de manzana
  Sal al gusto

Preparación

Lave y desinfecte las verduras. Troce la lechuga con las manos. Remoje la coliflor y el brócoli unos minutos en agua hirviendo. Acomode los vegetales en una ensaladera y encima espolvoree el ajonjolí. Aparte, mezcle la mayonesa, las yemas, el jugo de naranja, el yoghurt, el vinagre de manzana y la sal. Vierta sobre las verduras y revuelva un poco para bañar las verduras.

Crema de poro y papa

Ingredientes

- 500 g de papa
- $\frac{3}{4}$ de taza de poro rebanado
- 1 cucharada de mantequilla
- $1\frac{1}{2}$ tazas de caldo o agua
- 4 cucharadas de perejil, picado finamente
  Sal al gusto

Preparación

Corte en trozos la papa con todo y cáscara, póngala a cocer en el caldo junto con el poro, la mantequilla y la sal. Ya que la papa esté cocida quítele la cáscara. Licue todos los ingredientes menos el perejil. Ponga la crema de nuevo a fuego bajo unos minutos, si queda espesa, agréguele más caldo. Sirva con el perejil.

Papa al horno

Ingredientes

- 6 papas grandes
- 6 cucharadas de mantequilla
- 3 cucharaditas de cebolla, picada finamente
- 12 cucharadas de queso gruyère rallado o
  queso panela al gusto
  Sal, nuez moscada y pimienta, al gusto
  Yoghurt al gusto
  Perejil, picado finamente

Preparación

Precaliente el horno a 180 °C. Envuelva las papas con todo y cáscara en papel de aluminio y meta al horno 30 minutos, más o menos. Después saque las papas del horno, no apague aún el horno, córtelas a la mitad, sáqueles parte de la pulpa, y mézclela con el resto de los ingredientes, con la mezcla rellene las mitades de papa, regréselas al horno para que se calienten y sírvalas con perejil y yoghurt o mayonesa.

Malva con tomate rojo

Ingredientes

- 500 g de malva
- 2 tomates rojos de bola, picados
- 1 cebolla chica, picada
- 3 dientes de ajo, picados
- 3 chiles verdes (opcional)
- 1 cucharada de mantequilla
  Sal al gusto

Preparación

Lave la malva y póngala en una cacerola con poca agua, tape y ponga a fuego bajo unos minutos hasta que se suavice. Aparte, en la mantequilla sofría el ajo y la cebolla, luego incorpore el tomate, el chile, sazone con sal y deje cocer. Por último, agregue la malva y deje que se sazone unos minutos. Si prefiere puede cocinarla en salsa verde.

Preparación

Corte en tiras y deje secar las tortillas, luego fríalas y escúrralas sobre toallas de papel.

En dos cucharadas de aceite sofría el ajo, la cebolla y el tomate, agregue el caldo, el epazote y la sal. Deje cocer 10 minutos a fuego bajo. Antes de servir agregue la tortilla y el queso al caldo caliente. Si gusta sírvala con chile chipotle seco, rebanado y frito.

Picadillo vegetariano

Ingredientes

- Pizca de hierbas de olor
- 2 tazas de soya texturizada chica
- 4 tomates rojos, sin piel y picados
- 1 cebolla grande, picada
- 5 dientes de ajo, picados finamente
- 2 zanahorias, cortadas en cubos
- 1 calabaza, cortada en cubos
- 20 almendras, limpias y picadas
- $^1/_2$ taza de pasas o al gusto
- Sal al gusto
- Aceite

Preparación

Ponga a hervir suficiente agua con las hierbas de olor y sal, ya que suelten su sabor, sáquelas y en el agua ponga la soya y deje que dé un hervor y se hidrate. Escurra muy bien y fríala. Aparte, sofría el ajo, la cebolla y el tomate rojo, agregue la soya, deje sazonar unos minutos y luego incorpore el resto de los ingredientes. Tape y deje cocer a fuego bajo 15 minutos. Apague el fuego y deje reposar.

Ensalada de espinaca

Ingredientes

- 4 tazas de espinacas, picadas
- 2 tazas de palmitos rebanados
- 1 taza de champiñones rebanados
- $^1/_2$ cebolla morada o chalote, rebanado finamente
- 250 g de tomate rojo miniatura
- Croutones al gusto (receta más adelante)
- Vinagreta (receta en la sección de *Aderezos*)

Preparación

Desinfecte las verduras, colóquelas decorativamente en un platón y sazónelas con la vinagreta de su agrado. Adorne con los croutones.

Croutones. 4 piezas de pan de caja cortadas en cubos y tostados. Si prefiere fríalos en aceite de oliva o mantequilla.

Sopa de tortilla

Ingredientes

- 15 tortillas secas
- 3 tomates rojos, asados y molidos
- 3 dientes de ajo, picados
- $^1/_2$ cebolla, picada
- 1 rama de epazote
- 4 tazas de caldo de verduras o agua
- 150 g de queso rallado
- Sal al gusto
- Aceite, el necesario
- Chile chipotle seco (opcional)

Ensalada mixta

Ingredientes

- $\frac{1}{2}$ lechuga desinfectada
- 3 tomates guajillo, cortados en rodajas
- 1 pepino, cortado en rodajas
- 2 zanahorias ralladas
- Aderezo (véase la sección de *Aderezos*)

Preparación

Desmenuce la lechuga con las manos. En un platón, acomode en forma decorativa las verduras y aderece a su gusto.

Pozole con champiñones

Ingredientes

- 750 g de maíz pozolero cocido
- 1 kg de champiñones y/o setas
- 1 chile pasilla o al gusto
- 2 chiles guajillos o al gusto
- 4 dientes de ajo
- $\frac{1}{2}$ cebolla grande
- 2 tomates bola
- Sal al gusto
- Orégano al gusto

Preparación

Desvene los chiles y póngalos a hervir con la cebolla, el ajo y el tomate rojo. Deje enfriar y licue con el caldo del maíz. Cuele y luego sofría en aceite y agregue un poco de orégano. Agregue el sofrito al maíz con su caldo y deje cocer 10 minutos. Agregue los hongos y deje hervir 5 minutos más.

Acompañe con: cebolla picada finamente; rábanos cortados en rodajas o picados; lechuga picada; orégano y limón, al gusto.

Gorditas de garbanzo

Ingredientes

- 500 g de masa de maíz
- 1 taza de garbanzo cocido
- $\frac{1}{2}$ cebolla
- 3 zanahorias ralladas
- 150 g de queso Chihuahua rallado
- 1 taza de natas de leche
- Sal al gusto
- Cilantro picado al gusto

Preparación

Licue el garbanzo con la cebolla y un poco del caldo donde coció el garbanzo. Mezcle el resto de los ingredientes, deje reposar media hora y haga las gorditas. Cuézalas en comal o si prefiere, sofríalas. Puede agregar la verdura que guste.

Ensalada de ejote

Ingredientes

- 2 tazas de ejotes cocidos al dente
- ½ cebolla cortada en lunas finas
- 1 pimiento verde cortado en rajas finas
- 2 tomates rojos, picados y sin piel
- ½ cucharadita de orégano
  - Jugo de 2 limones
  - Aceite de oliva al gusto
  - Sal y pimienta, al gusto

Preparación

Mezcle bien todos los ingredientes.

Arroz blanco

Ingredientes

- 1 ½ tazas de arroz integral
- 1 taza de zanahoria cortada en cubos
- 4 ½ tazas de caldo de verduras o agua
- ¼ de cebolla
- 3 dientes de ajo
- 1 rama de cilantro
  - Sal al gusto
  - Aceite, el necesario

Preparación

En agua hirviendo remoje el arroz, de 10 a 15 minutos. Luego, enjuáguelo con agua fría y escúrralo. Licue la cebolla y el ajo con un poco de caldo de verduras. En el aceite dore ligeramente el arroz, incorpore la mezcla de cebolla. Agregue el resto del caldo y la zanahoria. Cuando suelte el hervor, tape y deje cocer a fuego muy bajo, por aproximadamente 45 minutos, hasta que se consuma el caldo.

Berenjena en salsa de piñón

Ingredientes

- 3 berenjenas, rebanadas
- 3 tomates bola, pelados y picados
- 1 pimiento rojo, pelado y cortado en rajas
- 6 dientes de ajo, machacados
- 100 g de piñón o nuez de la India
- 1 barra de mantequilla o aceite de oliva
- 4 a 5 cucharadas de perejil, picado
  - Sal al gusto
  - Aceite, el necesario

Preparación

Pele las berenjenas, rebánelas y desflémelas en agua con sal, 1 hora. Con aceite a fuego bajo sofría tres dientes de ajo y la berenjena hasta que doren. Pase la berenjena a un platón, prepare la salsa y viértala sobre la berenjena. Adorne con el perejil.

Salsa. En la mantequilla sofría a fuego bajo los otros 3 dientes de ajo, incorpore el tomate rojo, déjelo cocer, agregue la sal, el piñón y el pimiento morrón. Cueza por 5 minutos.

Ensalada mixta

Ingredientes

 1 lechuga chica, lavada y desinfectada
3 a 4 tomates guajillo rebanados
 1 pepino chico rebanado finamente
 2 zanahorias ralladas
 2 calabazas cortadas en rodajas
 ¹⁄₂ taza de jícama cortada en rajas
    Aderezo al gusto (véase la sección de *Aderezos*)

Preparación

Acomode la verdura en una ensaladera y aderece al gusto.

Sopa de frijol

Ingredientes

 2 tazas de frijoles cocidos, conserve el líquido de cocción
 2 tomates rojos asados
 2 chiles serranos
 ¹⁄₂ cebolla, picada finamente
 6 cucharadas de cilantro, picado finamente
 6 cucharadas de aceite vegetal
    Sal al gusto
    Tortillas fritas (totopos)
    Queso cottage o requesón

Preparación

Corte en tiras las tortillas y fríalas, déjelas a un lado. Licue el tomate con un trozo de cebolla y el chile serrano. Cuele la mezcla y sofríala en el aceite. Licue el frijol y cuélelo, incorpórelo a la olla con el sofrito y agregue el caldo de cocción del frijol. Deje cocer a fuego bajo 15 minutos. Sirva con el queso, la cebolla picada, el cilantro y los totopos.

Pastel azteca

Ingredientes

 18 tortillas
 10 chiles poblanos
 3 tazas de elote desgranado
3 a 4 manojos de flor de calabaza, picada
 6 calabazas, picadas
 5 dientes de ajo, picados
 2 cebollas, picadas
 250 g de queso Chihuahua rallado
 250 g de queso panela o de cabra rallado
 1 ¹⁄₂ tazas de crema o yoghurt natural
    Aceite, el necesario
    Sal al gusto
 4 tomates rojos grandes, picados

Preparación

Sofría ligeramente las tortillas en aceite, déjelas a un lado. Ase los chiles, pélelos, quíteles las venas, las semillas y córtelos en rajas. Cueza los elotes con poca agua, ya que estén cocidos escúrralos. Sofría el ajo, la cebolla, los elotes, las rajas, el tomate rojo, la calabaza, la flor de calabaza y la sal. Cueza a fuego bajo 10 minutos. Apague y deje reposar.

En un refractario ponga una capa de tortilla, encima una capa de verduras, luego una capa de queso y crema. Continúe poniendo capas, termine con una capa de queso y crema. Cubra el refractario con papel de aluminio y hornee a 240 °C, 25 minutos. Sírvalo caliente.

Ensalada de piña y manzana

Ingredientes

- 4 manzanas golden cortadas en cubos
- 1 piña chica, pelada y cortada en cubos
- 1 yoghurt natural o al gusto
- 2 cucharadas de mayonesa
- 1/2 cucharada de mostaza
- Nueces al gusto
- Sal al gusto

Preparación

Mezcle todos los ingredientes y espolvoree la ensalada con un poco de nuez molida.

Sopa de lenteja germinada

Ingredientes

- 1 taza de lenteja germinada
- 1/2 taza de poro, picado
- 1/4 de cebolla, picada
- 2 dientes de ajo
- 3 tomates rojos asados
- 5 tazas de agua o caldo de verduras
- Hierbas de olor
- Sal al gusto

Preparación

Licue el tomate junto con el ajo y la cebolla, cuele la mezcla y sofríala en aceite, luego agregue la lenteja, el poro, el caldo, las hierbas de olor y la sal. Deje cocer a fuego bajo hasta que se cueza la lenteja. Si desea puede agregar verdura.

Verdolaga en salsa verde

Ingredientes

- 750 g de verdolaga
- 600 g de tomate verde
- 3 chilacayotes
- 1/2 cebolla
- 3 dientes de ajo
- 1/2 manojo de cilantro
- 1 rama de epazote
- 3 cucharadas de aceite vegetal
- Chile verde al gusto
- Sal al gusto
- 1 rama de hierbabuena

Preparación

Lave la verdolaga y escoja tallos tiernos con hojas. En poca agua póngalas a cocer más o menos 5 minutos a fuego bajo. Corte en cuartos los chilacayotes y póngalos a cocer 5 minutos. Licue el resto de los ingredientes y fría la mezcla en el aceite, agregue la verdolaga y el chilacayote con el agua de cocción, deje cocer 10 minutos.

Ensalada de aguacate

Ingredientes

3 aguacates
2 cebollitas de Cambray
1 manojo de cilantro, picado finamente
3 chiles poblanos
   Jugo de 2 limones
100 g de queso Chihuahua rallado
1 cucharada de aceite de oliva
   Sal al gusto

Preparación

Pele los aguacates, córtelos en cubos y rocíelos con el jugo de limón. Ase los chiles, límpielos y córtelos en rajas. Pique las cebollitas de Cambray. Mezcle todos los ingredientes y póngalos en un platón, adorne con el queso. Sirva con pan de centeno.

Macarrones con chorizo

Ingredientes

300 g de macarrón
500 g de tomate rojo asado
$^1/_4$ de cebolla
$^1/_2$ cucharadita de pimienta gorda
2 dientes de ajo
1 hoja de laurel
1 taza de yoghurt
   Sal al gusto
   Chorizo vegetariano frito
3 cucharadas de aceite vegetal

Preparación

En suficiente agua hirviendo con sal, la pimienta gorda y el laurel, ponga a cocer el macarrón. Una vez cocido escúrralo y tire el agua de cocción. Póngalo en un platón. Licue el tomate, la cebolla y el ajo, cuele la mezcla y fríala en el aceite; deje sazonar muy bien, luego incorpore el chorizo y vierta la salsa sobre el macarrón. Al servir en cada plato ponga una cucharada de yoghurt.

Ratatouille

Ingredientes

3 a 4 berenjenas cortadas en cubos
6 calabazas cortadas en rodajas
3 tomates rojos, sin piel y picados
1 pimiento verde, picado
1 pimiento rojo, picado
1 cebolla grande, picada
4 dientes de ajo, machacados y picados
2 cucharaditas de albahaca, picada
1 cucharadita de orégano
   Sal al gusto

Preparación

En una cacerola acomode las verduras en capas, encima espolvoree la albahaca, el orégano y la sal. Rocíe todo con un poco de agua y tape la cacerola. Deje cocer a fuego bajo 20 minutos.

Ensalada de coliflor

Ingredientes

1	coliflor chica tierna
1 a 2	tomates rojos, picados finamente
¹/₂	cebolla, picada finamente
2 a 3	cucharadas de cilantro, picado finamente
2 a 3	cucharadas de perejil picado finamente
1 a 2	aguacates cortados en cubos
	Rábano cortado en rodajas
	Hojas de lechuga romanita
	Aceitunas al gusto

Aderezo

1	taza de yoghurt
¹/₂	taza de mayonesa
4	cucharaditas de mostaza
	Sal al gusto

Preparación

La coliflor debe estar compacta y blanca. Desinfecte bien las verduras. Pique muy fino la coliflor con todo y tallo. Mezcle todos los ingredientes, excepto las aceitunas, el rábano y la lechuga, bañe con el aderezo y sirva una porción sobre cada hoja de lechuga y adorne con las aceitunas y el rábano.

Aderezo. Licue todos los ingredientes.

Sopa de zanahoria y apio

Ingredientes

5	zanahorias, picadas
5	tallos de apio, picados

2	tomates, picados sin piel
¹/₂	taza de cebolla, picada
¹/₂	taza de poro, picado
¹/₂	barra de mantequilla
150	g de queso añejo rallado
1	hoja de laurel
1	rama de tomillo
1 ¹/₂	ℓ de caldo de verduras o agua
	Perejil, picado finamente
	Sal al gusto

Preparación

En la mantequilla sofría la cebolla, la zanahoria, el apio y el tomate rojo. Deje cocer 5 minutos, luego agregue el resto de los ingredientes, excepto el perejil y el queso, deje cocer a fuego bajo hasta que la verdura esté suave. Sirva con el perejil fresco y el queso.

Hamburguesas de tofu

Ingredientes

2	tazas de tofu (queso de soya)
1	zanahoria rallada finamente
1	calabaza rallada
2	cucharadas de cilantro, picado finamente
2	cucharadas de semillas de amapola
3	cucharadas de semillas de ajonjolí
3	cucharadas de cacahuates bien picados
¹/₂	taza de nueces
1	taza de pan molido
¹/₂	taza de cebolla, picada finamente
1	cucharada de mostaza
3	cucharadas de aceite vegetal
	Sal al gusto
2	huevos, batidos (opcional)
6	bollos integrales
6	rebanadas de betabel cocido
6	hojas de lechuga
3	huevos duros, picados
¹/₂	taza de yoghurt

Preparación

Mezcle los primeros 12 ingredientes, excepto las semillas de ajonjolí y de amapola (poppy seeds). Forme 6 hamburguesas y páselas por las semillas para que se cubran bien. Fríalas hasta que doren. Corte a la mitad los bollos de pan y ponga la lechuga, la hamburguesa, el betabel, una cucharada de yoghurt y el huevo. Sirva de inmediato.

Ensalada de jícama

Ingredientes

- 2 jícamas, en rebanadas delgadas
- 1 pimiento rojo cortado en rajas
- 3 huevos cocidos
- 3 cucharadas de nuez molida o gomasio
- 3 cucharadas de mayonesa
- 3 cucharadas de perejil, picado finamente
    Jugo de 2 limones
    Sal al gusto

Preparación

Pele y rebane en 3 partes los huevos. Rocíe con limón y sal las rebanadas de jícama. Sobre cada una ponga una rebanada de huevo, una cucharadita de mayonesa y una raja de pimiento, espolvoree con la nuez y el perejil. Si prefiere ralle la jícama.

Arroz a la mexicana

Ingredientes

- 1 $\frac{1}{2}$ tazas de arroz integral
- 1 taza de chícharos, sin vaina
- $\frac{3}{4}$ de taza de zanahoria, picada
- $\frac{3}{4}$ de taza de cilantro, picado
- $\frac{1}{2}$ taza de perejil, picado
- $\frac{1}{2}$ cebolla
- 2 tomates rojos grandes
- 5 dientes de ajo
- 2 chiles jalapeños en rajas
- 5 cucharadas de aceite vegetal
- 4 $\frac{1}{2}$ tazas de agua
    Sal al gusto
- 4 huevos cocidos y rebanados
- $\frac{1}{2}$ taza de chorizo vegetariano frito

Preparación

Lave el arroz y póngalo a hervir en agua, 2 a 3 minutos. Enjuáguelo con agua fría y escúrralo. Licue el tomate, la cebolla, el ajo; cuele la mezcla. Fría el arroz hasta que dore, agregue el tomate y deje sazonar unos minutos, luego agregue el agua, las verduras y la sal. Tape y deje cocer a fuego bajo aproximadamente 45 minutos. Cuando ya casi esté suave y seco agregue el chile, el chorizo, el perejil y los huevos. Deje cocer 3 minutos más y apague.

Rajas poblanas

Ingredientes

- 7 chiles poblanos grandes
- 1 taza de elote tierno desgranado
- 2 tazas de calabaza cortada en cubos
- 2 manojos de flor de calabaza, picada
- 1 cebolla, picada o fileteada
- 2 dientes de ajo, machacados y picados
    Aceite vegetal
    Sal al gusto
    Hierbas de olor
- 3 a 4 tomates bola, pelados y picados

Preparación

Ase los chiles, límpielos bien y córtelos en rajas. Sofría el ajo, la cebolla, las rajas y el elote. Agregue el tomate rojo, la sal, las hierbas de olor y deje cocer 5 minutos. Agregue el resto de los ingredientes y deje cocer 10 minutos a fuego bajo. Apague y deje reposar tapado.

Sopa de colecitas de Bruselas

Ingredientes

- 400 g de colecitas de Bruselas
- 3 papas medianas
- 6 tazas de caldo de verduras
- $1/4$ de taza de poro, picado
- 1 taza de yoghurt natural (opcional)
  Comino molido al gusto
  Sal al gusto
- 1 cucharada de mantequilla

Preparación

Quítele las hojas maltratadas a las colecitas, lave la papa. Cueza las colecitas, las papas con cáscara y el poro, conserve el líquido de cocción. Pele las papas y licue en el agua de cocción con la mitad de las colecitas, la otra mitad córtela en cuartos. Ponga de nuevo al fuego con la mantequilla, las colecitas cortadas y el caldo. Deje cocer unos minutos, sazone con sal y comino. Al servir ponga una cucharada de yoghurt en cada plato.

Ragú de verduras

Ingredientes

- 1 berenjena
- 2 calabazas verdes
- 2 calabazas amarillas
- 1 cebolla, picada
- 5 dientes de ajo, machacados y picados
- 3 tomates rojos, picados
- 1 pimiento rojo, picado
- $1/2$ cucharadita de comino molido
- 1 cucharada de albahaca, picada
- 3 cucharadas de aceite de oliva
- 1 pizca de canela en polvo
- 300 g de champiñones, picados
  Sal y pimienta, al gusto

Preparación

Lave la berenjena y las calabazas, luego córtelas en cubos. En una cacerola ponga a calentar el aceite de oliva y sofría todos los ingredientes. Tape y deje cocer a fuego bajo 10 minutos. Apague y deje reposar.

Ensalada de papa y apio

Ingredientes

- 1 kg de papa cocida
- 1 taza de apio, picado finamente
- 1 cebolla, picada finamente
  Orégano al gusto
- $1/2$ taza de mayonesa
  Sal al gusto
- 6 hojas de lechuga romanita
- 2 tomates rojos rebanados
  Aceitunas al gusto
- $1/2$ taza de yoghurt natural

Aderezo

- 1 pepino, rallado
- 2 cucharaditas de hierbabuena molida
- $1 1/2$ tazas de yoghurt natural
  Sal y pimienta, al gusto

Preparación

Pique la papa en cubos y mézclela con el apio, la cebolla, el orégano, el yoghurt, la mayonesa y la sal. En cada hoja de lechuga sirva una porción de la mezcla y adórnela con una rebanada de tomate y las aceitunas. Bañe con el aderezo.

Aderezo. Mezcle los ingredientes y deje reposar de 15 a 30 minutos.

Ensalada de tomate

Ingredientes

  12 tomates verdes
    1 pepino
    2 zanahorias ralladas
  24 aceitunas sin hueso
    1 cebolla, picada finamente
    1 manojo de perejil, picado finamente
$^1/_4$ de cucharadita de comino molido
      Aceite de oliva al gusto
      Sal al gusto

Preparación

Rebane muy fino el tomate y el pepino. Acomode en un platón todos los ingredientes y sazone al gusto con el aceite, el comino y la sal. Adorne con las aceitunas.

Frijoles refritos

Ingredientes

4 a 5 tazas de frijoles cocidos
  $^1/_2$ cebolla, picada finamente
    6 cucharadas de aceite
      Queso cotija rallado
      Sal al gusto

Preparación

Machaque los frijoles sin caldo o si prefiere licuelos. En el aceite sofría la cebolla, agregue los frijoles y sazone con sal. Sirva con el queso espolvoreado encima. Si los frijoles le quedan demasiado secos, agrégueles un poco del caldo de cocción.

Mole de olla

Ingredientes

 300 g de champiñones rebanados
    1 taza de col, picada
    1 taza de ejotes, cortados por mitad
    2 xoconoxtles, sin semillas ni piel
    1 cebolla grande
    5 dientes de ajo
    3 elotes cortados en trozos
    2 tazas de flor de calabaza
7 a 8 calabazas cortadas por mitad
    3 chiles guajillo
    2 chiles anchos o pasilla
    3 cucharadas de aceite vegetal
4 a 5 limones
      Sal al gusto
 250 g de masa de maíz
    2 ramas de epazote, picado finamente
  50 g de queso asadero, picado
    3 ℓ de agua hirviendo

Preparación

Revuelva bien la masa con el queso, el epazote y la sal, forme bolas chicas de masa, presiónelas en el centro con un dedo hasta formar un hoyo chico. Déjelas a un lado. Lave los chiles, desvénelos, fríalos y lícuelos con media cebolla y el ajo. Sofría la mezcla en el aceite, al agua hirviendo incorpore esta mezcla junto con los elotes, deje cocer a fuego bajo. Agregue el resto de los ingredientes incluyendo las bolas de masa y deje cocer. La flor de calabaza se agrega casi al final. Acompañe con limón y cebolla picada finamente.

Ensalada hindú

Ingredientes

2 a 3   zanahorias ralladas

   2   pepinos rallados o picados

5 a 6   cucharadas de perejil, picado finamente

   1   taza de yoghurt natural

   1   cucharada de semillas de nabo

     Sal y pimienta, al gusto

Preparación

Licue el yoghurt con la cáscara de pepino y sazone con sal y pimienta. Mezcle todos los ingredientes con el yoghurt, esta ensalada es deliciosamente refrescante.

Sopa de lenteja germinada

Ingredientes

   1   taza de lenteja germinada

   2   tomates rojos asados

 $^1/_2$ taza de poro, picado

 $^1/_4$ de cebolla, picada

   2   dientes de ajo

4 a 5   tazas de agua o de caldo de verduras

     Hierbas de olor

     Sal al gusto

Preparación

Licue el tomate con la cebolla y el ajo; cuele la mezcla y fríala en poco aceite. Agregue el agua, la lenteja, el poro y las hierbas de olor. Deje cocer a fuego bajo 15 a 20 minutos o hasta que la lenteja esté cocida, sazone con sal. Si desea agregue verduras.

Guisado de huitlacoche

Ingredientes

500   g de huitlacoche, lavado

   1   cebolla, picada

4 a 5   chiles verdes, picados

   1   rama de epazote, picado

   2   cucharadas de aceite vegetal

     Sal al gusto

Preparación

En el aceite sofría la cebolla, los chiles y el epazote. Agregue el huitlacoche y sazónelo con sal. Cueza a fuego bajo hasta que se consuma el agua que suelte el huitlacoche.

Calabaza en salsa blanca

Ingredientes

750   g de calabaza, rebanada

1 $^1/_2$ tazas de salsa blanca (véase *Salsas*)

     Perejil, picado finamente

Preparación

Cueza la calabaza con poca agua hasta que quede "tronadita". Pase la calabaza a un refractario, báñela con la salsa blanca y espolvoree encima el perejil.

Ensalada de tofu

Ingredientes

- 1 taza de tofu
- 3 pepinos
- 1/2 cebolla
- 3 cucharaditas de eneldo
- 3 cucharadas de aceite de oliva
- 1 cucharada de miel de abeja
- 1 cucharadita de sal

Preparación

Mezcle todos los ingredientes, deje reposar un rato para que se mezclen los sabores.

Gaspacho (sopa fría)

Ingredientes

- 5 tazas de caldo de verduras
- 1/2 pimiento verde, rebanado finamente
- 3 tomates rojos grandes, sin semillas y sin piel
- 1 pepino, pelado, sin semillas, rebanado finamente
- 5 dientes de ajo
- 1/4 de cucharadita de semillas de comino
- 1/4 de taza de almendra limpia
- 1/4 de taza de aceite de oliva
- 2 cucharadas de vinagre de manzana
- 1 cucharada de perejil, picado finamente

Preparación

Espolvoree el pepino con sal, déjelo reposar media hora, luego escúrralo. Licue el caldo de verduras con el ajo, la almendra, las semillas de comino, el vinagre, el aceite, el pepino y el tomate. Vierta en un recipiente y tápelo con papel encerado untado con mantequilla, refrigere 4 horas para que se mezclen los sabores. Sirva en platos hondos y adorne con el perejil y el pimiento.

Milanesas de gluten

Ingredientes

- 1/2 taza de leche
- 6 filetes de gluten (véase *Trigo*)
- 2 huevos batidos
- 1/2 taza de pan molido
- 1/4 de taza de queso parmesano
- 1 pizca de nuez moscada
  - Perejil, picado finamente
  - Aceite, el necesario

Preparación

En un refractario vierta la leche, agregue los filetes y déjelos remojando media hora. Mientras, mezcle el pan molido con el queso parmesano y la nuez moscada. Transcurrido el tiempo páselos por el huevo batido y luego cúbralos con la mezcla de pan molido. Fríalos y sírvalos con el perejil. Si gusta acompañe con espárragos.

Ensalada de betabel

Ingredientes

3 tazas de betabel cocido
$^1/_2$ taza de yoghurt natural
1 cucharada de cebolla, picada finamente
1 cucharada de perejil, picado finamente
    Sal al gusto

Preparación

Corte los betabeles en cubos. Báñelos con el yoghurt, sazónelos con sal y adorne con la cebolla y el perejil.

Zanahoria con pasas

Ingredientes

5 a 6 zanahorias
5 a 6 cucharadas de pasas
        Aceitunas sin hueso al gusto
        Sal al gusto

Preparación

Ralle finamente la zanahoria. Cuézala con poca agua junto con las pasas, 5 minutos a fuego bajo. Sazone con sal. Adorne el plato con las aceitunas.

Kippe vegetariano

Ingredientes

1 kg de papa amarilla hecha puré
4 tazas de trigo, quebrado
1 taza de harina integral
1 cebolla
2 cucharadas de comino molido
    Pimienta negra al gusto
    Canela molida al gusto
    Sal al gusto
    Piñones tostados
1 cebolla, picada
1 manojo de acelga
    Aceite, el necesario

Preparación

Lave el trigo, remójelo 1 hora y luego escúrralo. Aparte licue la cebolla, el comino, la pimienta, la sal y la canela. Mezcle bien el puré de papa con el trigo y la mezcla de cebolla.

Sofría la cebolla picada junto con la acelga. Unte un refractario con aceite, extienda perfectamente la mitad del puré también cubra los costados del refractario. Agregue la acelga sofrita y los piñones. Cubra con el resto del puré. Con las manos húmedas presione bien y alise. Con un cuchillo separe el puré del refractario, corte hasta abajo en cubos, a cada porción hágale un agujero con el dedo. Encima vierta aceite. Hornee a 350 °C, 30 minutos.

Alcachofas primavera

Ingredientes

6 alcachofas cocidas

³/₄ de una cebolla, picada finamente

3 huevos cocidos y desmenuzados

100 g de queso parmesano

Aderezo a la vinagreta (véase *Aderezos*)

Preparación

Recorte las puntas y quite las hojas duras de las alcachofas, acomódelas en un platón, abra las hojas y espolvoréelas con la cebolla, el huevo y el queso. Bañe con la vinagreta o el aderezo que prefiera. Se sirven frías.

Col de Bruselas al curry

Ingredientes

2 tazas de col de Bruselas

¹/₄ de taza de caldo de verduras

¹/₄ de cucharadita de curry

¹/₂ cucharadita de azafrán

¹/₂ cucharadita de perejil, picado

1 cucharada de fécula de maíz

2 cucharadas de agua fría

Sal y pimienta, al gusto

Preparación

Cueza la col en agua hirviendo con sal, 4 minutos, después escúrralas y córtelas a la mitad. En el caldo hirviendo agregue los condimentos y la col. Deje cocer 4 minutos, mientras diluya la fécula de maíz en el agua fría e incorpórela a la olla. Deje cocer hasta que se espese la salsa.

Setas al guajillo

Ingredientes

500 g de setas frescas desmenuzadas

3 chiles guajillo, hervidos

2 dientes de ajo

¹/₄ de una cebolla, picada finamente

4 tomates guajillo, asados

2 elotes tiernos desgranados

1 rama de epazote

Sal al gusto

Preparación

Licue los tomates rojos con los chiles y cuele. Aparte, en una cacerola sofría el ajo, la cebolla y las setas, sazone con sal. Cueza el elote, conserve el líquido de cocción. Incorpore a la cacerola la salsa y el elote, agregue el epazote y suficiente líquido de cocción del elote, deje cocer 7 minutos. Sirva con tortillas de maíz.

Ensalada de verdolaga

Ingredientes

- 1 kg de verdolaga tierna
- 4 aguacates grandes
- 2 cebollas de rabo, picadas
- 2 tomates bola, picados
  - Jugo de limón
  - Aceite de oliva
  - Sal al gusto

Preparación

Lave la verdolaga, elimine los tallos más gruesos y desinféctela. Mezcle todos los ingredientes y aderece con el jugo de limón y el aceite de oliva. A esta ensalada puede agregarle piña fresca picada en lugar del aguacate.

Sopa de verduras

Ingredientes

- 2 zanahorias, picadas
- 2 calabazas, picadas
- 1 nabo, picado
- 1 chayote, picado
- 1 taza de poro, picado
- 2 tomates rojos asados
- 2 dientes de ajo
- 2 ramas de cilantro
  - Sal de mar al gusto
- 2 cucharadas de aceite
- 6 tazas de agua

Preparación

Licue el tomate con el ajo, cuélelo y sofríalo en el aceite, agregue el agua y las verduras. Deje cocer hasta que las verduras estén "al dente". Sazone con sal de mar. Puede agregar otras verduras si desea.

Pastete energético

Ingredientes

- $3/4$ de taza de arroz integral
- $3/4$ de taza de lenteja
- $3/4$ de taza de garbanzo
- 1 pimiento morrón verde
- 1 pimiento morrón rojo
- 3 cebollas
- 4 dientes de ajo
- 1 cucharada de miso
  - Sal marina al gusto
  - Aceite de oliva
  - Perejil, picado finamente

Preparación

Remoje por 12 horas el garbanzo y la lenteja. Cueza el garbanzo y la lenteja por separado en agua con cebolla, un diente de ajo y sal. Conserve el líquido de cocción. Remoje el arroz en agua hirviendo, 30 minutos, transcurrido el tiempo lávelo y escúrralo. Luego sofría con un diente de ajo y agregue 3 tazas del caldo donde coció el garbanzo y la lenteja. Deje cocer 45 minutos.

En una cacerola amplia, sofría en aceite un diente de ajo, 2 cebollas y los pimientos cortados en trozos, agregue un poco de caldo, el miso y enseguida incorpore el arroz, la lenteja y el garbanzo con movimientos envolventes. Si desea vierta la mezcla en un refractario, espolvoréela con pan molido y meta al horno unos minutos, a 240 °C hasta que esté bien caliente. Encima espolvoree el perejil y sirva.

Ensalada mixta

Ingredientes

1 lechuga, desinfectada
3 a 4 tomates rojos (guajillo) cortados en rodajas
1 pepino, cortado en rodajas delgadas
2 zanahorias ralladas
Aderezo (véase *Aderezos*)

Preparación

Corte la lechuga con las manos. Acomode la verdura en una ensaladera y aderece.

Sopa Brgl

Ingredientes

2 tazas de trigo grueso, quebrado
6 dientes de ajo machacados
$\frac{1}{2}$ barra de mantequilla
4 cucharadas de aceite
5 tazas de agua
Sal al gusto
250 g de queso panela
1 taza de jocoque

Preparación

Remoje por una hora el trigo en agua hirviendo, transcurrido el tiempo enjuáguelo y escúrralo. En el aceite fría los ajos, luego deséchelos y ahí fría el trigo (como si fuera arroz), agregue el agua. Cuando suelte el hervor incorpore la mantequilla y la sal. Deje cocer tapado a fuego bajo. Cuando casi esté cocido ponga encima el queso desmoronado. Sirva con el jocoque o con yoghurt natural.

Crepas de morilla

Ingredientes

20 crepas (véase *Crepas*)
1 kg de morilla u otro hongo
1 $\frac{1}{2}$ tazas de crema o yoghurt natural
250 g de queso Chihuahua
100 g de queso parmesano
1 cebolla mediana, picada
4 dientes de ajo machacados y picados
Sal y pimienta al gusto
2 cucharadas de aceite

Preparación

En el aceite sofría el ajo y la cebolla, agregue la morilla entera, deje cocer a fuego bajo hasta que se consuma el jugo. Sazone con sal y pimienta, agregue la mitad de la crema y los quesos. Rellene las crepas, enróllelas como tacos y colóquelas en un refractario, báñelas con el resto de la crema y los quesos. Ya para servir caliente en el horno, a 240 ° C durante 30 minutos.

Ensalada Nochebuena

Ingredientes

- 1 kg de betabel tierno
- 2 jícamas medianas
- 5 naranjas
- 2 plátanos machos o largos
- 1 lechuga orejona
- 250 g de colación rellena
- 250 g de cacahuate pelado
- 1 cucharada de azúcar mascabado

Preparación

Lave el betabel y cuézalo en agua con el azúcar mascabado. Conserve el líquido de cocción. Pele y rebane: la jícama, la naranja, el plátano, la lechuga y el betabel ya frío. Arregle los ingredientes en una ensaladera y agrégueles un poco del agua de cocción del betabel. Adorne con el cacahuate y la colación.

Crema de calabaza

Ingredientes

- 750 g de calabaza rebanada
- ½ taza de poro rebanado
- 5 tazas de caldo de verduras o agua
- 2 cucharadas de avena
- Sal al gusto
- ½ taza de croutones
- 2 cucharadas de mantequilla

Preparación

En el caldo de verduras ponga a cocer la calabaza, el poro y la mantequilla. Cuando estén a medio cocer, apague y agregue la avena. Deje reposar. Luego, licue todo y regrese al fuego, cuando suelte el hervor, apague. Sirva con los croutones.

Bacalao vegetariano

Ingredientes

- 500 g de soya texturizada (preparación más adelante)
- 2 ½ kg de tomate rojo, picado sin piel
- 7 dientes de ajo
- 4 cebollas, picadas
- 1 manojo de perejil, picado
- 1 frasco de alcaparras
- 1 frasco de aceitunas
- 5 pimientos morrones rojos
- 1 bolillo frito
- ¾ de taza de aceite de oliva
- Chiles largos
- Sal al gusto

Preparación

Ase los pimientos y luego límpielos. En el aceite fría el ajo, cuando esté dorado sáquelo, pero consérvelo. En ese aceite ponga a acitronar la cebolla, agregue el tomate, déjelo cocer bien y luego agregue la soya. Licue el ajo, el pimiento y el bolillo, incorpore a la cacerola con la soya. Deje sazonar 30 minutos a fuego bajo. Luego agregue el perejil, las alcaparras, las aceitunas y los chiles largos. Deje reposar.

Preparación de la soya texturizada. En una olla ponga suficiente agua a hervir con todas las hierbas que tenga a la mano, cuando suelten su sabor sáquelas e incorpore la soya, deje hervir 5 minutos apague y deje reposar 10 minutos. Escurra muy bien (tire el agua) y fría en aceite.

Platillos alternativos

Sugerencias para que planee sus menús

Es importante:
- Cuidar el sabor y el aspecto de los platillos, porque primero comemos con los ojos, los cuales estimulan nuestro apetito cuando vemos la combinación de formas, colores y texturas.
- Combinar platillos que requieran diferentes métodos de cocción.
- Variar el color de las salsas que servimos en una misma comida.
- Consumir alimentos balanceados y saludables.
- Considerar las guarniciones como un gran apoyo de los platillos, también pueden servirse como plato fuerte.
- Saber que hay más de 4000 platillos vegetarianos entre los cuales puede escoger y combinarlos, mismos que puede elaborar.

Emparedados o sándwiches

Lo mejor de los emparedados es que puede variar el relleno hasta el infinito. Improvise y deje que su intuición le guíe al combinar los ingredientes. En verano son el lunch ideal para los niños.
- De pan integral con: mantequilla, nueces picadas, aceitunas picadas, mayonesa y perejil picado. Acompañe con guarnición de nopales cocidos; zanahoria rallada; cebolla cortada en lunas; orégano, aceite de oliva y sal al gusto.
- De frijoles con: chorizo vegetariano, chile poblano asado, queso crema (licue el chile con el queso).
- De huevo y pepinillos: huevo cocido, pepinillos, chile morrón, mayonesa, sal, tomate rojo y chipotle.

- Sorpresa: chorizo vegetariano, huevos, cebolla picada, frijoles refritos, chipotle y sal. Sofría todos los ingredientes y adorne con el chipotle.
- De espárragos: queso Camembert y salsa holandesa: gratínelos hasta que estén ligeramente dorados.
- De aguacate: tomate rojo, cebolla, queso fresco, germinado de alfalfa, mayonesa, mostaza y chile.
- Hierro: pan, tofu, tomate rojo, aguacate, germinado y cebolla.
- Torta de baguette: al pan hágale cortes diagonales, rellénelo con queso Chihuahua y hierbas frescas picadas, sal y pimienta. Envuélvalo con papel de aluminio y hornéelo 5 minutos a 180 °C. Desenvuélvalo y si quiere póngale más queso encima y regrese al horno a que se gratine.

Hamburguesas

Ingredientes

1 taza de okara o carne de soya molida e hidratada
150 g de queso Chihuahua rallado
$^3/_4$ de taza de harina integral
1 cebolla grande, picada finamente o rallada
6 dientes de ajo, molidos con sal de mar
2 cucharadas de mostaza
$^1/_2$ taza de puré de papa
1 manojo de perejil, picado finamente
5 ramas de cilantro
1 zanahoria rallada
$^1/_2$ cucharadita de tomillo
4 huevos
Sal y pimienta al gusto

Preparación

Mezcle bien todos los ingredientes y forme las hamburguesas, las puede empanizar con pan molido o harina integral y freírlas o freír sin empanizar en aceite hirviendo. Si se desbaratan agrégueles más harina. Ponga en pan para hamburguesas y aderece con lechuga, tomate rojo, rodajas de cebolla y mayonesa. A todas las hamburguesas o tortitas les puede agregar trigo, soya o lenteja germinada.

Entremeses

Pisto (Español): Pimiento verde y pimiento rojo cortados en tiras. Sofría los pimientos en aceite de oliva con ajo, cebolla, sal, pimienta y calabazas (opcional). Ya que estén todos los ingredientes sofritos agregue un huevo batido.

Paté de verduras

Ingredientes

$^1/_4$ de taza de harina integral
$^1/_2$ taza de semillas de girasol molidas
1 taza de agua caliente
2 cucharadas de jugo de limón
$^1/_4$ de taza de aceite de girasol
$^1/_3$ de taza de levadura
1 diente de ajo, picado
2 cebollas, picadas
1 zanahoria, picada
1 tallo de apio, picado
1 papa rallada
$^1/_4$ de taza de salsa tamari
1 cucharadita de albahaca
$^1/_2$ cucharadita de tomillo
$^1/_4$ de cucharadita de salvia

Preparación

Mezcle los ingredientes y póngalos en un refractario. Precaliente el horno a 175 °C o 350 °F; hornee 30 minutos. Deje reposar hasta que se enfríe. Saque el paté del molde, córtelo en rodajas y envuélvalo en papel de aluminio. Recaliéntelo en el horno y sírvalo con rebanadas de pan negro. Puede congelarlo de 1 a 2 meses.

Gelatina de betabel

Ingredientes

- 2 tazas de betabel cocido
- 1 $\frac{1}{2}$ tazas del agua de cocción del betabel
- 2 sobres de grenetina sin sabor
- 1 taza de caldo de verduras
- $\frac{1}{4}$ de taza de espinaca, picada finamente
- 1 cucharada de jugo de limón
- $\frac{1}{2}$ taza de yoghurt natural
- 2 cebollines, picados

Preparación

Espolvoree la grenetina en $\frac{1}{2}$ taza del agua de cocción del betabel, déjela reposar 5 minutos, disuélvala. Vierta la grenetina en una taza del agua de cocción bien caliente. Licue el betabel y agregue la espinaca, el jugo de limón y la grenetina disuelta. Vierta en un molde de rosca. Refrigere, desmolde, ponga en un platón, vierta el yoghurt en el centro y adorne con el cebollín.

Mousse de aguacate

Ingredientes

- 2 sobres de grenetina sin sabor
- $\frac{1}{2}$ taza de agua fría
- 1 taza de agua hirviendo
  jugo de $\frac{1}{2}$ limón
- 1 cucharadita de salsa inglesa
- 1 $\frac{1}{2}$ cucharadas de cebolla, picada o rallada
- $\frac{1}{4}$ de cucharadita de curry en polvo
  Sal al gusto
- $\frac{3}{4}$ de taza de crema batida
- $\frac{3}{4}$ de taza de mayonesa
- 2 tazas de pulpa de aguacate

Preparación

Espolvoree la grenetina en el agua fría, déjela reposar 5 minutos y vierta en el agua hirviendo, disuélvala, déjela enfriar, ya que esté tibia agregue la sal, el curry, la salsa inglesa, el jugo de limón, la cebolla, el aguacate y la mayonesa. Revuelva muy bien hasta que quede tersa, luego incorpore la crema. Vierta en un molde aceitado, refrigere hasta que cuaje. Voltee en un platón (humedezca el platón con agua fría para que pueda mover el mousse en caso de que no quede bien centrado). Adorne con ramas de berro o de perejil chino y tiras de pimiento rojo.

Mousse de queso Roquefort

Ingredientes

- 200 g de queso Roquefort
- $\frac{2}{3}$ de taza de mayonesa
- 1 clara de huevo
- 1 taza de leche
- 2 sobres de grenetina sin sabor, disueltos en $\frac{1}{2}$ taza de agua caliente

Preparación

Licue el queso con la leche y la mayonesa. Incorpore la grenetina disuelta. Barnice un molde para gelatina con la clara de huevo, vierta la mezcla y meta al refrigerador para que cuaje. Desmolde y adorne con aceitunas negras. Sirva con pan negro, es delicioso.

Mousse de queso al chipotle

Ingredientes

- 500 g de queso manchego rallado
- 3 huevos
- $\frac{3}{4}$ de taza de crema
- 2 chiles chipotle
  Sal y pimienta

Preparación

Mezcle bien todos los ingredientes, vierta en un molde y hornee a 220 °C hasta que cuaje. Desmolde y adorne con rajas de chile chipotle.

Ensaladas

Las ensaladas son ¡básicas!, además de nutritivas y deliciosas.

Ensalada de aguacate

Ingredientes

1 aguacate cortado en cubos
2 cuadros de tofu cortados en cubos
2 tomates rojos, picados
1 pimiento verde, picado
$1/4$ de taza de cebolla, picada
  Aderezo (receta más adelante)

Preparación

Mezclar bien todos los ingredientes, prepare el aderezo y vierta sobre la ensalada, revuelva un poco para bañar. Sirva sobre tostadas o dentro de pan árabe con lechuga.

Aderezo. Licue hasta que se incorporen 2 cucharadas de jugo de limón, 2 cucharadas de cilantro picado, 2 cucharadas de aceite de oliva, 2 dientes de ajo, pimienta y sal, al gusto.

Ensalada de garbanzo

Ingredientes

1 taza de garbanzo cocido
1 taza de apio, picado
1 taza de tomate, picado
1 taza de pepinos, picados
6 cucharadas de aceite de oliva
3 cucharadas de vinagre
2 cucharadas de jugo de limón
2 cucharadas de perejil, picado
2 dientes de ajo machacados y picados
1 cucharadita de mostaza
  Sal y pimienta, al gusto

Preparación

En un frasco con tapa que cierre herméticamente, mezcle todos los ingredientes, tape y agite hasta que se incorporen, vuelva a agitar de vez en cuando. Refrigere hasta que esté bien fría.

Ensalada de pasta fría

Ingredientes

400 g de pasta de concha o codito
$1/2$ cebolla
2 cucharaditas de sal
1 cucharada de aceite
1 queso manchego mediano cortado en cubos
5 tomates rojos, picados
1 cucharadita de orégano molido
5 cucharaditas de aceite de oliva
2 cucharadas de mayonesa
  Sal y pimienta, al gusto

Preparación

Cueza la pasta en agua con la cebolla y la sal, 10 minutos, no debe quedar muy cocida. Mezcle el resto de los ingredientes y agréguelos a la pasta, revuelva con delicadeza.

Ensalada Nicoise

Ingredientes

- 1 lechuga
- 1 papa cocida
- 250 g de ejote cocido
- 3 tomates rojos, picados
- 2 huevos cocidos
- 10 aceitunas
- 2 cucharadas de aceite de oliva
- 1 cucharada de vinagre
- Sal y pimienta, al gusto

Preparación

Mezcle bien todos los ingredientes.

Ensaladas sencillas

- Ensalada de betabel: cueza el betabel con vinagre, azúcar, clavo, laurel y pimienta. Rebánelos, sírvalos con rebanadas de huevo cocido, bañe con vinagreta.
- Alcachofa: cuézala 30 minutos con cebolla, pimienta, laurel, sal y aceite.
- Salsifí: cuézalos 20 minutos en agua salada y pélelos. Capéelos y fríalos.
- Chayotes rellenos con queso crema.
- Tortellini con queso, aceitunas negras y cebollín picado, pimiento morrón rojo y amarillo en tiras, nuez picada. Bañe la mezcla con algún aderezo cremoso.
- Papa y endivia con tomate rojo miniatura, huevo cocido, cebolla morada, perejil, puntas de espárrago y vinagreta.

Sopas

Sopa de aguacate

Ingredientes

- Caldo de verduras
- Sal y pimienta, al gusto
- $1/8$ de una cebolla rallada
- 1 aguacate grande
- 1 cucharada de mayonesa
- $1/4$ de taza de crema dulce para batir
- Perejil al gusto

Preparación

Suavice el aguacate, si tiene hebras cuélelo y mézclelo con la mayonesa, la cebolla rallada o picada finamente, sal, pimienta y al último agregue la crema batida y disuelva la mezcla en el caldo de verduras. Adorne la sopa con aguacate cortado en cubos y sirva con galletas.

Caldo de verduras 1

Ingredientes

- $1\frac{1}{2}$ litros de agua
- 1 poro cortado en rodajas
- 5 zanahorias cortadas en trozos
- 5 ramas de apio, picadas
- 1 cebolla cortada en trozos
- 3 dientes de ajo, picados
- 2 ramas de perejil
- 3 ramas de tomillo
- 2 hojas de laurel
- 1 pizca de mejorana y una de hinojo
- 4 pimientas enteras
- 2 clavos enteros
- Sal al gusto

Preparación

Lave las verduras y cuézalas en agua, 40 minutos, a fuego bajo. Cuele el caldo y ya tiene un caldo de verduras muy nutritivo en minerales y con muy pocas calorías.

También puede preparar el caldo con cáscaras, como de chícharo, papa, tallos de acelga, espinaca, perejil, cilantro, calabaza, etcétera.

Caldo de verduras 2

Ponga a hervir la cantidad de agua que necesite con verduras como zanahoria sin pelar; tallos de apio con hojas; tallos de coliflor; todas las hojas de las verduras que tenga; nabo sin pelar, cebolla, ajo, etc. Deje hervir a fuego bajo 2 horas. Cuele y sólo emplee el líquido y tire las verduras porque ya perdieron su valor nutritivo y sabor. Éste caldo sirve para preparar todo tipo de sopas y guisados.

Cremas

Como base utilice papa y zanahoria cortada en trozos chicos, cebolla o poro, hierbas de olor. Cueza la verdura, sazónela y lícuela. A la crema le puede agregar las verduras que prefiera como hongos, calabazas, coliflor.

Salsa para espaguetis

Ingredientes

2 tazas de champiñones, picados
2 tazas de apio, picado
2 cebollas, picadas
6 tazas de puré de tomate
2 poros, picados
2 pimientos, picados
$^1/_2$ taza de frijol de soya cocido y machacado
1 taza de semilla de girasol molida
1 taza de cacahuate molido
6 dientes de ajo, picados
$^1/_2$ cucharadita de pimiento rojo machacado
1 cucharada de miel
$^1/_2$ cucharadita de salsa Tabasco
3 hojas de laurel
1 cucharada de perejil
1 cucharadita de albahaca
1 cucharadita de tomillo
1 cucharadita de orégano
1 cucharadita de canela
1 cucharadita de pimienta
1 cucharadita de sal de mar
$^1/_2$ cucharadita de clavo, molido
$^1/_2$ taza de aceite

Preparación

Sofría las verduras, agregue el frijol, el girasol y el cacahuate. Deje cocer 5 minutos. Agregue el puré de tomate, la miel y la salsa Tabasco. Cueza 2 horas, 30 minutos, y antes del término agregue los condimentos. Si la salsa está muy espesa, agréguele jugo de tomate o caldo de verduras. Sirva sobre pasta cocida al "dente".

Tortellini de verduras y piñones

Ingredientes

500 g de tortellini relleno de espinaca
$^1/_4$ de taza de piñones
$^1/_4$ de taza de zanahoria cortada en cubos
$^1/_4$ de taza de nabo cortado en cubos
$^1/_4$ de taza de pimiento morrón verde cortado en cubos
$^1/_4$ de taza pimiento rojo cortado en cubos
2 dientes de ajo, machacados y picados
3 cucharadas de aceite de oliva
1 taza de caldo de verduras
Albahaca, desmenuzada finamente
Sal y pimienta, al gusto

Preparación

Cueza las verduras 2 minutos en agua con sal de mar. Transcurrido el tiempo escúrralas. Cueza la pasta al "dente". Sofría las verduras, el ajo, los piñones, hasta que estén dorados, agregue el caldo y sazone con sal y pimienta. Deje hervir y agregue el tortellini. Revuelva y deje calentar. Decore con albahaca.

Sopa de col

Ingredientes

- 1 col mediana, picada finamente
- 3 zanahorias cortadas en cubos
- 1 cucharada de cebolla, picada
- 1 cucharada de perejil, picado
- 4 cucharadas de aceite
- 1 1/2 litros de caldo de verduras
- Sal y pimienta, al gusto

Preparación

Cueza la col en agua con sal. A medio cocer escúrrala. En el aceite sofría la cebolla y la zanahoria, agregue la col, el perejil y el caldo. Sazone y deje hervir a fuego bajo hasta que la zanahoria esté suave.

Minestrone

Ingredientes

- 100 g de espagueti
- 3/4 de taza de puré de tomate rojo
- 2 cucharadas de mantequilla
- 1 cebolla, picada
- 1/4 de col rebanada
- 1 poro rebanado
- 1/4 de cucharadita de albahaca
- 1/4 de cucharadita de orégano
- 1 nabo cortado en cubos
- 1 zanahoria cortada en cubos
- 1 papa cortada en cubos
- 1 tomate rojo, picado
- 2 dientes de ajo machacados y picados
- 1 cucharada de perejil, picado
- 7 tazas de caldo de verduras
- 1 pizca de cada uno: semillas de apio y semillas de tomillo
- Queso parmesano al gusto

Preparación

En la mantequilla sofría la cebolla, la col y el poro, sazone bien y agregue la albahaca, el orégano y el resto de especias. Deje cocer 3 minutos a fuego bajo, luego agregue la zanahoria, el nabo, la papa, el ajo, el tomate rojo, el caldo y el puré de tomate. Deje hervir 5 minutos y agregue el espagueti en trozos. Sazone bien y deje cocer a fuego medio, 12 minutos, o hasta que la pasta esté cocida. Espolvoree encima el queso y sirva.

Sopa de tortilla al horno

Ingredientes

- 24 tortillas delgadas
- 1 taza de tomate molido
- 1 cucharada de cebolla, picada
- 1 cucharada de epazote, picado finamente
- 1 taza de crema o yoghurt natural
- 100 g de queso rallado
- 1/2 taza de aceite
- 1 taza de caldo de verduras
- Sal al gusto

Preparación

Corte las tortillas y déjelas endurecer. Dórelas ligeramente en el aceite y escúrralas. Aparte sofría la cebolla, el epazote y el tomate rojo, sazone con sal, deje hervir unos minutos y agregue el caldo, retire de la lumbre. En un refractario ponga una capa de tortilla, moje con tomate rojo, ponga una capa de crema y queso, continúe poniendo capas hasta emplear todos los ingredientes, termine con una capa de crema y queso. Meta al horno, a 200 °C, hasta que dore ligeramente.

Sopa de germinado de trigo con champiñones

Ingredientes

3 tazas de germinado de trigo
5 tazas de caldo de verdura
1 taza de champiñones crudos
$^1/_4$ de una cebolla grande
3 dientes de ajo
1 tomate rojo grande
3 cucharadas de aceite
1 rama de perejil
Sal

Preparación

Lave bien el germinado y los champiñones. Cueza el germinado. Licue el tomate, la cebolla y el ajo. Cuele la mezcla, sofríala y viértala en la olla con germinado, incorpore el champiñón, el perejil y la sal. Deje sazonar 5 minutos y sirva caliente. También puede preparar la sopa con germinado de maíz o de cebada.

Sopa Noruega

Ingredientes

500 g de papa rallada
1 manojo de perejil
1 rama de hierbabuena
3 dientes de ajo
2 litros de caldo de verduras
100 g de queso rallado

Preparación

Ponga a hervir el caldo de verduras, cuando suelte el hervor agregue todos los ingredientes. Cueza a fuego bajo 30 minutos y sirva con el queso.

Guarniciones

Tomates rojos rellenos

Ingredientes

6 tomates rojos grandes
$^1/_4$ de taza de coliflor cocida
$^1/_4$ de taza de espinaca, picada
$^1/_4$ de taza de brócoli cocido
$^1/_4$ de taza de queso mozzarella rallado
1 diente de ajo
2 cucharadas de aceite de oliva
Sal y pimienta, al gusto

Preparación

Precaliente el horno a 350 ºF o 175 ºC. Corte la parte superior de los tomates. Con una cuchara saque la pulpa. Mezcle $^1/_4$ de taza de la pulpa con los demás ingredientes. Rellene los tomates rojos con la mezcla. Hornee 20 minutos. Sirva caliente.

Zanahorias con mostaza

Ingredientes

1 $^1/_2$ tazas de zanahoria cortada en cubos
$^1/_4$ de taza de pimiento rojo cortado en cubos
1 cucharada de aceite de oliva o de cacahuate
2 cucharadas de mostaza Dijón
4 cucharadas de caldo de verduras
Sal y pimienta, al gusto

Preparación

En poca agua hirviendo con sal cueza 3 minutos la zanahoria y el pimiento. Escurra y sofría en el aceite por 2 minutos. Agregue la mostaza, el caldo, sazone y deje cocer 2 minutos más.

Puré de zanahoria

Ingredientes

- 6 zanahorias grandes cocidas
- 3 papas medianas cocidas
- 2 cucharadas de mantequilla
- 2 cucharadas de leche
- 1 huevo batido
- $\frac{1}{4}$ de cucharadita de nuez moscada molida
- 1 cucharadita de cebolla morada, picada finamente

Preparación

Precaliente el horno a 300 °F o 150 °C. Machaque las verduras y agregue el resto de los ingredientes. Mezcle hasta obtener un puré homogéneo.

Apio estilo oriental

Ingredientes

- 1 taza de apio cortado en rodajas diagonales
- $\frac{1}{2}$ taza de setas rebanadas finamente
- 8 elotes miniatura cortados en trozos
- 2 cucharadas de aceite de cacahuate
- 1 diente de ajo machacado y picado
- $\frac{1}{2}$ taza de caldo de verduras
- 1 cucharada de fécula de maíz
- 2 cucharadas de agua fría
  Sal y pimienta, al gusto

Preparación

En el aceite sofría el apio por 1 minuto. Agregue las setas, el elote y el ajo. Deje cocer 1 minuto más. Agregue el caldo y la fécula de maíz diluida en agua, sazone. Mezcle bien y continúe cociendo hasta que la salsa espese.

Champiñones en crema de ajo

Ingredientes

- 2 tazas de champiñones, picados
- 3 cucharadas de mantequilla
- $\frac{1}{2}$ cucharadita de ajo machacado y picado
- $\frac{1}{2}$ taza de crema espesa o de yoghurt natural
- 1 pizca de nuez moscada
  Sal y pimienta, al gusto

Preparación

Sofría el ajo en la mantequilla y agregue los champiñones, deje cocer 1 minuto. Agregue el resto de los ingredientes. Cueza hasta que espese la salsa.

Col con cacahuate

Ingredientes

- 2 tazas de col, picada finamente
- $\frac{1}{4}$ de taza de cacahuate
- 3 cucharadas de mantequilla
- 1 diente de ajo, picado
- 2 cucharadas de cebolla, picada
- $\frac{1}{2}$ cucharada de aceite de ajonjolí
  Sal y pimienta, al gusto

Preparación

En la mantequilla sofría el ajo, la cebolla, la col y el cacahuate. Agregue el aceite de ajonjolí. Sazone con sal y pimienta; deje cocer por 3 minutos.

Corazones de alcachofa y queso Roquefort

Ingredientes

- 12 corazones de alcachofa cocidos
- 1/4 de taza de yoghurt natural
- 2 cucharadas de queso Roquefort
- 1 cucharadita de jugo de limón
- 1/2 cucharadita de ajo machacado y picado
- 1 cucharadita de salsa inglesa
- Sal y pimienta, al gusto

Preparación

Mezcle todos los ingredientes y rellene los corazones con la mezcla.

Aguacate al curry

Ingredientes

- 2 aguacates
- 1/2 taza de mayonesa
- 1 cucharadita de curry
- 1 cucharadita de salsa inglesa
- 2 cucharadas de jugo de limón
- 1/4 de cucharadita de ajo, picado
- 1/2 lechuga, desinfectada y picada

Preparación

Pele los aguacates, córterlos por la mitad a lo largo, sáqueles el hueso y rocíelos con el jugo de limón. Corte las mitades de aguacate en forma de abanico y vaya acomodándolos en un platón cubierto con una cama de lechuga. Mezcle el resto de los ingredientes. Con la salsa rocíe los aguacates.

Espárragos y manzanas

Ingredientes

- 15 puntas de espárragos cocidas al "dente"
- 1/2 taza de manzana cortada en cubos
- 2 cucharadas de mantequilla
- 1 diente de ajo, picado
- 1 pizca de nuez moscada
- 1 pizca de canela en polvo
- Sal y pimienta, al gusto

Preparación

En la mantequilla sofría el ajo, el espárrago y la manzana con los condimentos, 3 minutos.

Berenjena al ajo

Ingredientes

- 2 tazas de berenjena cortada en cubos
- 1/4 de taza de pimiento rojo cortado en cubos
- 1/4 de taza de apio cortado en cubos
- 3 dientes de ajo machacados y picados
- 1/4 de cucharadita de albahaca, picada
- 3 cucharadas de aceite de oliva

Preparación

Sofría en el aceite el ajo y las verduras, condimente al gusto. Cueza 5 minutos y sirva.

Coliflor con champiñones

Ingredientes

- 2 tazas de coliflor cocida
- 1 taza de salsa bechamel (véase pág. 74)
- 1 taza de champiñones rebanados
- 1 cucharada de perejil, picado finamente
- 2 cucharadas de queso parmesano rallado
- 2 cucharadas de mantequilla
- Sal y pimienta, al gusto

Preparación

En la mantequilla sofría los champiñones, sazone con el perejil, sal y pimienta. Agregue la salsa bechamel y la coliflor. Deje cocer de 3 a 4 minutos.

Calabazas en crema de apio

Ingredientes

- 2 ½ tazas de calabazas cortadas en rodajas
- 1 ½ tazas de salsa bechamel (véase pág. 74)
- 1 cucharada de perejil, picado
- 1 cucharada de apio, picado finamente
- ½ cucharadita de semillas de apio
- 1 pizca de nuez moscada
- 1 pizca de pimienta recién molida

Preparación

Cueza la calabaza al "dente", escúrrala. Aparte mezcle el resto de los ingredientes y ponga a fuego bajo. Deje cocer 4 minutos, luego agregue la calabaza. Deje cocer 2 minutos más.

Espinacas con setas

Ingredientes

- 3 tazas de espinacas, lavada y picada
- 1 taza de setas o champiñones cortados en cuartos
- 3 cucharadas de mantequilla
- 1 diente de ajo machacado y picado
- 2 cucharadas de cebolla morada, picada
- Sal y pimienta, al gusto

Preparación

En la mantequilla sofría el ajo y la cebolla. Agregue los champiñones y deje cocer 2 minutos, incorpore la espinaca y sazone. Deje cocer a fuego bajo hasta que casi se evapore el líquido.

Ejotes con mantequilla

Ingredientes

- 1 taza de ejote cocido y picado
- 1 taza de ejote amarillo cocido y picado
- 3 cucharadas de hojas de berro, picadas finamente
- 3 cucharadas de espinaca, picada
- 2 cucharadas de albahaca, picada
- 2 dientes de ajo machacados y picados
- ½ taza de tomate rojo, picado
- 2 cucharadas de mantequilla
- Sal y pimienta, al gusto

Preparación

Sofría los ejotes 2 minutos y agregue el resto de los ingredientes, deje cocer por 4 minutos.

Chícharos en salsa picante

Ingredientes

- 2 tazas de chícharos cocidos
- 1/4 de taza de caldo de verduras
- 1 cucharada de pimiento rojo machacado
- 2 cucharadas de salsa picante
- 2 gotas de salsa Tabasco
- 1 pizca de pimentón
  Sal al gusto

Preparación

En una olla ponga todos los ingredientes y deje hervir a fuego bajo 4 minutos. Sirva con el pimentón.

Berenjenas con piñones

Ingredientes

- 2 berenjenas chicas cortadas en tiras delgadas
- 2 cebollas moradas cortadas en aros
- 4 calabazas cortadas en ruedas
- 10 tomates rojos miniatura
- 1 pimiento amarillo cortado en tiras
- 15 aceitunas negras sin hueso
- 1 cucharada de alcaparras
- 1/2 taza de piñones
- 1/4 de taza de pasas
- 2 dientes de ajo machacados
- 5 ramas de perejil, picado
- 2 hojas de albahaca
- 1 cucharada de aceite de oliva
- 1 cucharada de azúcar
- 1 vaso de vinagre
  Sal y pimienta, al gusto

Preparación

Remoje las pasas. Sofría la berenjena. Aparte, en una olla, sofría el ajo, la cebolla, el pimiento, la calabaza y el tomate, ya que estén todos los ingredientes bien sofritos incorpore la berenjena, agregue las alcaparras, las aceitunas, los piñones, las pasas escurridas, el perejil, la albahaca, la sal y la pimienta. Deje cocer unos minutos a fuego bajo y apague. Mezcle el vinagre con el azúcar y bañe las verduras. Deje reposar por 12 horas antes de servir.

Berenjena parmesana

Ingredientes

- 1 kg de tomate rojo, en puré
- 3 berenjenas, picadas
- 10 hojas de albahaca
- 200 g de queso Oaxaca
- 100 g de queso parmesano
  Ajo al gusto
  Aceite de oliva al gusto
  Sal y pimienta, al gusto
- 1/4 de ℓ de aceite de maíz

Preparación

Sofría la berenjena y el ajo, luego agregue el tomate y sazone la mezcla. Deje cocer 3 minutos. Vierta la mezcla en un refractario, encima ponga los quesos y gratine en el horno, a 180 °C.

Berenjena con albahaca

Ingredientes

- 4 berenjenas grandes
- 1 cebolla, picada
- 15 tomates rojos, sin piel ni semillas, picados
- 2 cucharadas de albahaca
- 2 cucharadas de aceite de oliva
- 1 diente de ajo
- 1 taza de yoghurt natural
  Sal y pimienta, al gusto

Preparación

Corte la berenjena en rodajas, espolvoréelas con sal y déjelas reposar 30 minutos. Transcurrido el tiempo, lávelas y déjelas a un lado. Sofría la cebolla y el ajo, incorpore el tomate, la sal y la pimienta. Deje cocer 25 minutos a fuego bajo y luego agregue la albahaca, apague y deje reposar. En un refractario coloque una capa de berenjena, una de salsa y una de yoghurt. Siga formando capas hasta utilizar todos los ingredientes. Cubra el refractario con papel aluminio y cueza 15 minutos a fuego medio. Sirva con salsa verde.

Poros en salsa bechamel

Ingredientes

- 2 tazas de poro rebanado finamente
- 1 taza de salsa bechamel
- 4 cucharadas de queso parmesano, rallado
  Sal y pimienta, al gusto

Preparación

Cueza el poro 1 minuto y escúrralo. En una olla ponga todos los ingredientes y cueza a fuego bajo por 3 minutos.

Papa asada y rellena

Ingredientes

- 6 papas medianas
- 2 cucharadas de mantequilla
- 1/2 cebolla, picada
- 250 g de champiñones
- 1 taza de salsa blanca (véase pág. 74)
  Queso parmesano al gusto
- 1 rama de perejil o eneldo

Preparación

Precaliente el horno a 425 °F o 220 °C. Lave bien las papas sin pelarlas. Coloque las papas en una charola de horno cubierta de papel de aluminio, con un tenedor pique las papas por todos lados, frótelas con una mezcla de aceite y sal. Cuézalas en el horno 1 hora o hasta que estén blandas y suaves. Sáqueles la pulpa y macháquelas. Aparte sofría en mantequilla la cebolla, el champiñón y la salsa blanca, luego agregue el puré de papa y revuelva bien. Con la mezcla rellene las cáscaras de papa, espolvoréelas con el queso parmesano y regrese al horno a que gratine. Adorne con el perejil o el eneldo. Sírvalas calientes.

Sugerencias de rellenos:

- Champiñones, crema agria, mostaza, mantequilla, cebollitas de Cambray, apio picado, queso rallado y eneldo.
- Espárrago, aguacate, estragón, queso rallado y pimienta.
- Espinaca, queso Roquefort, cebolla, crema agria espesa, huevo cocido y pimienta.
- Coliflor, pasas, semillas de comino, cilantro, cúrcuma y yoghurt natural.
- Pimiento rojo y verde, ajo, perejil y queso mozzarella rallado.
- Chícharo, zanahoria, perejil y mayonesa.
- Queso crema y cebollín.
- Col fresca.
- Queso Roquefort y nueces.
- Champiñones al ajillo.

Rosetones de papa

Ingredientes

- 4 papas grandes cocidas y machacadas
- 2 cucharadas de mantequilla
- 2 yemas de huevo
- $\frac{1}{2}$ taza de agua caliente
- 2 cucharadas de crema espesa
- $\frac{1}{4}$ de cucharadita de nuez moscada
  Sal y pimienta, al gusto

Preparación

Precaliente el horno a 200 °C o 400 °F. Engrase y enharine una charola de hornear. Revuelva la mantequilla con la papa, agregue el resto de los ingredientes, revuelva bien. Pase la mezcla a una duya para pastelería con punta de estrella. En la charola forme pequeños "rosetones" de papa de 4 cm de alto. Hornee por 15 minutos o hasta que se doren.

Papa al cilantro

Ingredientes

- 1 kg de papa chica
- 1 cabeza de ajo
- $\frac{1}{2}$ manojo de cilantro
  Chiles verdes al gusto
  Mantequilla al gusto
  Aceite, el necesario

Preparación

Lave bien las papas. Licue los demás ingredientes. En una olla exprés ponga a cocer la papas con los ingredientes licuados 5 minutos, o en baño María hasta que estén cocidas.

Cacerola primavera

Ingredientes

- 1 taza de cada uno: papa, brócoli, apio, cebolla, calabaza, todos cortados y col rallada
- 1/2 taza de cada uno: perejil, queso fresco o manchego y caldo de verduras
- 3 tomates rojos rebanados
- 2 cucharadas de tomillo
- 1 cucharadita de romero
- 3 dientes de ajo, picados
  Sal y pimienta, al gusto

Preparación

En un refractario acomode los vegetales en el siguiente orden: papa, brócoli, apio, cebolla, calabaza, col y tomate. Mezcle el caldo con las hierbas y bañe los vegetales con el caldo, encima ponga el queso. Cubra el refractario con papel de aluminio y hornee por 15 minutos a 180 °C.

Guisados

Longaniza vegetariana

Ingredientes

- 2 tazas de okara
- 3 chiles mulatos
- 3 chiles anchos
- 5 chiles pasilla
- 3 pimientas gordas
- 2 clavos
- 1/4 de taza de agua
- 1/2 cabeza de ajo
- 2 cucharadas de aceite
- 1 raja de canela (opcional)
- 1 pizca de cada uno: orégano y comino
- 1/4 de taza de vinagre de manzana
  Sal

Preparación

Desvene los chiles, áselos, y remójelos en el agua caliente con el vinagre. Luego lícuelos junto con la pimienta, el clavo, el ajo, la sal y la canela; cuele la mezcla y sofríala en aceite con sal. Agregue el okara, cuézalo 15 minutos a fuego bajo, al final agregue el orégano y el comino.

Frijol yemita

Ingredientes

- 500 g de frijol canario cocido
- 6 tomates rojos molidos y colados
- 2 cebollas, picadas finamente
- 1 manojo de acelga, picada
- 500 g de paca chica cocida y pelada
  Caldo de verduras, el necesario
- 2 cucharadas de curry
- 1/2 cucharadita de semilla de cilantro
  Chile seco al gusto
  Aceite de oliva
  Sal y pimienta

Preparación

En el aceite sofría la cebolla y el chile. Agregue el tomate, el caldo, las especias y la sal. Agregue los frijoles con su caldo, la acelga y la papa.

Tofu con almendra

Ingredientes

- 4 tazas de tofu cortado en cubos y marinado (receta del escabeche más adelante)
- $1/2$ taza de almendra tostada
- 2 tazas de agua fría
- $1/4$ de taza de salsa de soya
- 2 cucharadas de fécula de maíz
- 1 taza de apio rebanado
- 2 cucharadas de aceite de oliva
- 2 cucharadas de aceite de cacahuate
- 1 pimiento morrón cortado en cubos
- 5 cebollas cortadas en trozos
- $1/2$ taza de castañas cortadas en rodajas

Preparación

En el aceite de oliva sofría el tofu y la salsa donde lo marinó. Deje cocer hasta que absorba todo el líquido. Aparte, en el aceite de cacahuate, cueza las verduras y la castaña al "dente". Disuelva la fécula de maíz en el agua y la salsa de soya, agregue a las verduras, cueza a fuego bajo hasta que espese la salsa. Agregue el tofu y la almendra. Sirva sobre una cama de arroz.

Escabeche

Ingredientes

- 2 cucharadas de mantequilla de cacahuate
- 1 diente de ajo machacado y picado
- 1 cucharadita de cebolla, picada
- $1/2$ cucharadita de jengibre en polvo
- $1/4$ de taza de salsa de soya

Preparación

Mezcle todos los ingredientes y agregue el tofu. Marine por 2 horas, revuelva de vez en cuando.

Guiso de tofu

Ingredientes

- 2 tazas de tofu cortado en cubos
- 1 taza de floretes de coliflor
- 1 taza de nabo cortado en tiras
- $1/2$ cebolla, picada
- $1/2$ pimiento, picado finamente
- 1 zanahoria cortada en tiras
- 3 tazas de caldo de verduras

Preparación

Cueza a fuego bajo todos los ingredientes, de 15 a 20 minutos, sirva caliente.

Chop-sue de tofu

Ingredientes

- 2 tazas de tofu cortado en cubos, seque el exceso de suero y rocíe con salsa de soya
- 4 cucharadas de aceite
- 1 rama de apio, picada
- 1 manojo de cebollitas de Cambray cortadas en ruedas, incluyendo el tallo
- 1 pimiento morrón verde rebanado
- 2 zanahorias chicas cortadas en diagonal
- 250 g de champiñón rebanado
- 250 g de germinado de soya
- $1/2$ taza de bambú o jícama rebanado
- 2 cucharaditas de vinagre de manzana
- 2 cucharadas de vino tinto o Mirim (fermento de arroz)
- 1 cucharada de jengibre rallado
- 2 cucharadas de fécula de maíz
- Salsa de soya al gusto
- 1 pizca de pimienta
- 1 taza de agua

Preparación

En 2 cucharadas de aceite sofría el tofu (si no lo quiere frito, cuézalo en agua caliente). En un wok o sartén grande caliente el resto del aceite y sofría el apio y la zanahoria 2 minutos. Agregue la cebollita y el pimiento, cueza 2 minutos. Agregue el champiñón y el germinado, cueza hasta que la zanahoria esté suave. Agregue el bambú, el tofu, el vinagre, el vino, la salsa de soya, la pimienta y $1/2$ taza de agua. Deje cocer unos minutos a fuego bajo. Disuelva la fécula de maíz en $1/2$ taza de agua y agregue, deje cocer 2 minutos. Exprima el jengibre con la mano, incorpore y revuelva. Sirva sobre arroz o fideo chino.

Guisado de soya

Ingredientes

- 1 taza de soya texturizada ya remojada
- 2 cucharadas de cebolla, picada
- 3 cucharadas de poro, picado
- 3 dientes de ajo, picados
- 250 g de tomate verde, picado
- 6 cucharadas de aceite
- Sal y pimienta, al gusto
- Caldo de verduras, el necesario

Preparación

Sofría la soya. Aparte sofría el resto de los ingredientes. Reúna los sofritos y agregue el caldo, sazone con sal y pimienta. Deje cocer más o menos 10 minutos a fuego bajo. La soya es muy versátil, puede agregar o sustituir los ingredientes que quiera como zanahoria, calabaza o tomate rojo con chile ancho.

Papas chirrionas

Ingredientes

- 750 g de papa cocida y cortada en cubos
- 50 g de queso añejo desmoronado
- Caldo de verduras, el necesario
- 3 chiles anchos
- 1 chile pasilla
- 1 diente de ajo
- 2 huevos batidos
- Sal al gusto

Preparación

Tueste los chiles y muélalos con el ajo, la sal y el caldo, cuele. Sofría las papas y agregue la mezcla de chiles, deje cocer unos minutos, agregue el huevo y deje cocer unos minutos más. Acompañe con el queso.

Quiché de espinaca

Ingredientes

    2   tazas de espinacas, picada
   $1/4$ de taza de queso gruyère rallado
    3   huevos
    1   taza de crema espesa
    2   pizcas de nuez moscada
        Sal y pimienta
  250   g de pasta para quiché (receta más adelante)

Preparación

Precaliente el horno a 190 ºC o 375 ºF. Forre un molde redondo con la pasta y deje reposar 20 minutos. Hornee la base. Mientras sofría en mantequilla y déjela cocer un poco, ponga la espinaca sobre la base de quiché y encima espolvoree el queso. Revuelva los huevos con la crema, sazone con las especias y vierta sobre la espinaca. Hornee 45 minutos. Sirva de inmediato. Puede sustituir la espinaca por champiñón, berenjena, cebolla o tomate rojo.

Pasta para quiché

Ingredientes

  500   g de harina de trigo
   $1/4$ de cucharadita de sal
  120   g de grasa vegetal
  120   g de mantequilla
    5   cucharadas de agua fría

Preparación

Cierna la harina y la sal. Agregue la mantequilla y la grasa vegetal. Mezcle con 2 cuchillos hasta que parezca hojuelas de avena. Agregue el agua y amase hasta que la pasta esté tersa. Cubra con un trapo y refrigere 1 hora. Cuando extienda la pasta debe estar a temperatura ambiente. Forre el molde con la pasta y píquela con un tenedor. Deje reposar de 20 a 30 minutos. Ponga encima una hoja de papel encerado con granos secos para evitar que se formen burbujas. Precaliente el horno a 200 ºC (400 ºF), meta el molde y deje cocer 10 minutos. Retire los granos y el papel y rellene. Cuando utilice verduras con alto contenido de agua, es mejor que hornee previamente la pasta.

Antojitos

Tamales de rajas

Ingredientes

    2   kg de harina de maíz
  $1 1/2$ tazas de aceite de maíz
        Agua de cáscara de tomate o
        tequesquite, la necesaria
        Sal al gusto
    1   manojo de hojas de maíz remojadas
        Guiso de rajas de chile poblano con cebolla,
        tomate rojo y queso fresco

Preparación

Mezcle la harina con el aceite, la sal y el agua, revuelva hasta que formen "ojos". En cada una de las hojas de maíz ponga una cucharada de masa y un poco del guiso de rajas. Cueza los tamales en vaporera o a baño María. Si quiere hacer tamales dulces, en lugar de sal utilice azúcar y prepare un relleno dulce.

Tamales provenzales

Ingredientes

  500   g de champiñónes, picados
    1   cabeza de ajo, picada finamente
    1   manojo de perejil
        Aceite de oliva al gusto

Preparación

En el aceite sofría el ajo, agregue los champiñones, el perejil y la sal.

Masa

Ingredientes

1 kg de harina para tamal
500 g de manteca vegetal o ³/₄ de taza
de aceite vegetal
1 manojo de hojas de maíz remojadas
1 cucharada copeteada de polvo para hornear
Sal al gusto

Preparación

Bata la manteca hasta que haga "ojos", agregue la harina cernida con el polvo para hornear y más o menos 2 vasos de agua o la necesaria para que la masa quede tersa, no aguada. En cada una de las hojas ponga una cucharada de masa y otra del relleno. Cierre y cueza en una vaporera o en baño María. Puede variar el relleno utilizando en lugar de champiñones, flor de calabaza, calabazas, granos de elote, rajas de chile poblano.

Tamales de nuez

Ingredientes

1 kg de harina para tamal
1 cucharada copeteada de polvo para hornear
500 g de mantequilla
150 g de nuez molida
2 tazas de leche o la necesaria
1 manojo de hojas de maíz remojadas
Miel de piloncillo o de abeja al gusto

Preparación

Bata la mantequilla y agregue la harina cernida con el polvo para hornear, bata sin cesar y agregue poco a poco la leche y el piloncillo, hasta que la masa quede tersa. Agregue la nuez y revuelva. En cada hoja de maíz ponga una cucharada de masa y envuelva. Cueza al vapor. Puede hervir la leche con el piloncillo.

Gorditas con guacamole

Ingredientes

250 g de masa de maíz
125 g de papa amarilla cocida
50 g de queso rallado
2 cucharadas de harina de trigo
¹/₂ taza de aceite o el necesario
3 aguacates
1 cebolla
2 chiles verdes
Aceite, el necesario
Vinagre
Sal al gusto

Preparación

Haga puré la papa y revuélvala bien con la masa, el queso y la sal. Haga las gorditas y fríalas o cuézalas en un comal. Aparte mezcle el aguacate machacado con la cebolla picada finamente, el tomate picado finamente, los chiles picados finamente y sal al gusto. Sirva las gorditas con el guacamole.

Molotes

Ingredientes

2 tazas de harina de nixtamal
200 g de queso fresco molido
1 ¹/₂ tazas de agua
1 taza de puré de papa
Guisado del día anterior para el relleno

Preparación

Mezcle todos los ingredientes. Haga tortillas, rellénelas, dóblelas en forma de molote. Fríalos. Sírvalos sobre una cama de lechuga picada y adorne con unos rábanos rebanados.

Tortitas de queso

Ingredientes

- 1 queso crema
- 3 huevos
- 1/4 de cebolla, picada
- 3 cucharadas de perejil, picado
- Pan molido
- 1/2 taza de okara
- Aceite, el necesario

Preparación

Mezcle bien los ingredientes. En una sartén con aceite caliente vaya dejando caer cucharadas de la mezcla. Fría por ambos lados.

Tortitas de elote

Ingredientes

- 2 tazas de elote cocido, medio molido
- 1 taza de harina
- 1/2 taza de leche
- 1/2 taza de aceite
- 1 huevo
- 1 cucharada de polvo para hornear
- 1/2 cucharada de sal

Preparación

Mezcle bien todos los ingredientes, en aceite caliente fría cucharadas de la mezcla, dórelas ligeramente por ambos lados. Acompañe con ensalada.

Tortitas de amaranto

Ingredientes

- 1 taza de amaranto
- 2 huevos
- 1 pizca de sal
- 1/2 taza de aceite
- 1/4 de cebolla, picada
- Perejil, picado
- Queso Chihuahua rallado

Preparación

Mezcle bien todos los ingredientes. En el aceite caliente fría cucharadas de la mezcla. Acompañe con ensalada.

Tempura de verduras

Ingredientes

- 3 zanahorias
- 3 calabazas
- 1 berenjena
- 1 pimiento rojo
- 1 pimiento verde
- 1 plátano
- 1 cebolla
- 1 taza de harina, bien cernida
- 1 1/2 tazas de agua tibia
- Aceite, el necesario

Preparación

Corte las verduras en tiras delgadas de 7 a 10 cm de largo por 2 cm de ancho. Corte el plátano, la berenjena y la cebolla en rodajas delgadas y refrigere todas las verduras 15 minutos. Mientras mezcle el agua con la harina hasta que quede un atole espeso. Caliente el aceite. Revuelque las verduras en harina y luego introdúzcalas en la pasta y fríalas sin que se doren demasiado. Coloque las verduras sobre un platón con una servilleta de papel para que absorba el exceso de grasa. Sírvalas con salsa de soya aderezada con limón y cebollín o con salsa de tamarindo molido preparado con curry y agua.

Manzanas fritas

Ingredientes

- 2 manzanas cortadas en rodajas
- 1 huevo
- $1/4$ de cucharadita de polvo para hornear
- 1 pizca de sal
- 2 cucharaditas de mantequilla derretida
- $1/2$ taza de harina
- 1 cucharadita de canela
- $1/2$ taza de azúcar
- Aceite, el necesario

Preparación

Mezcle la harina con el polvo para hornear, la sal, la mantequilla, el huevo y un poco de leche o agua para hacer un atole espeso. Sumerja las rodajas de manzana en la pasta y fríalas en el aceite caliente. Colóquelas sobre una servilleta de papel para que absorba el exceso de aceite. Espolvoréelas con el azúcar revuelta con la canela. De preferencia sírvalas calientes.

Filetes de gluten

Ingredientes

- $1/2$ litro de leche
- 7 filetes de gluten
- 2 huevos batidos
- Pan molido
- 3 cucharadas de queso parmesano
- 1 cucharada de nuez moscada

Preparación

Remoje los filetes en la leche, 30 minutos, luego páselos por el huevo batido y después empanícelos con el pan molido mezclado con el queso parmesano y la nuez moscada. Fría los filetes. Acompañe con perejil picado y espárragos, si desea.

Salsas y aderezos

Aliñar las ensaladas es casi una obra de arte. Según un proverbio francés, una ensalada bien preparada necesita: "Un avaro para agregar el vinagre; un pródigo para el aceite; un sabio para la sal y un tonto para mezclarlo todo." Lo que quiere decir es que además de los ingredientes frescos, el condimento es lo que hace a la ensalada. El aceite más indicado es el de oliva extra virgen de textura ligera.

La vinagreta, es el aderezo por excelencia. Consiste en mezclar tres partes de aceite por una parte de vinagre, media cucharadita de sal y una pizca de pimienta fresca molida. Verter en un frasco tapado y agitar bien. Puede hacer sus propias combinaciones, agregando trozos chicos de pimiento picante, ajo machacado e hierbas aromáticas. Si agrega queso cremoso o yemas de huevo cocidas, licue los ingredientes unos segundos. Puede sustituir el vinagre por jugo de limón y tendrá una variante deliciosa de su vinagreta.

Puede aromatizar el aceite con aceitunas de barril machacadas; y el vinagre con hierbas y especias. Ambos se dejan macerar un periodo de 3 a 6 semanas, según la intensidad del sabor que quiera obtener.

El aceite de oliva es recomendable para el verano y el aceite de ajonjolí para el invierno.

Aceites más usados:
- Con ajo: para ensaladas verdes y de tomate rojo.
- Con hinojo: para quesos.
- Con albahaca: para pastas, arroz, papas y tomates rojos.
- Con canela, clavos, pimienta negra o enebro: para zanahoria y cebolla cocidas.
- Con laurel, tomillo y mejorana: para quesos y pimientos.
- Con pimientos: como base de pastas, legumbres y cereales.

Vinagres aromáticos:
- Con cilantro: para ensaladas mixtas.
- Con hierbas aromáticas: para verduras mixtas.
- Con frambuesa: para verduras tiernas de sabor delicado.
- Con cáscara de naranja, chile seco, ajo y pimienta.

Vinagretas

Vinagreta

Ingredientes

$^3/_4$ de taza de aceite de oliva

$^1/_8$ de taza de vinagre de manzana y jugo de limón

1 diente de ajo, machacado y picado

$^1/_2$ cucharada de mostaza

2 cucharadas de perejil, picado

1 cucharada de hierbabuena, picada

$^1/_2$ cucharada de tomillo

1 cucharada de azúcar morena

Sal y pimienta, al gusto

Preparación

Ponga los ingredientes en un frasco de vidrio, tape y agite muy bien hasta que todos los ingredientes estén bien mezclados.

Vinagreta española

Ingredientes

2 cucharadas de vinagre de manzana

6 cucharadas de aceite de oliva

3 cucharadas de salsa de soya

1 cucharada de alcaparra, picada

$^1/_2$ cucharada de cada uno: tomillo, laurel y mejorana, molidos

1 cucharada de perejil, picado

$^1/_2$ pimiento morrón picado

1 huevo cocido, picado

Sal y pimienta, al gusto

Preparación

Mezcle bien todos los ingredientes.

Vinagreta Roquefort

Ingredientes

150 g de queso Roquefort rallado

1 cucharada de perejil, picado finamente

3 cucharadas de vinagre de manzana

1 cucharada de mostaza

8 cucharadas de aceite de oliva

3 cucharadas de yoghurt natural o crema ácida

1 cebolla, picada

Jugo de limón al gusto

Sal y pimienta, al gusto

Preparación

Mezcle bien el queso, la cebolla, el perejil, el vinagre y la mostaza. Agregue el aceite en un hilo continuo mientras mezcla con el batidor. Incorpore el yoghurt, el jugo de limón, la sal y la pimienta, revuelva bien. Refrigérela hasta que la vaya a utilizar.

Vinagreta al curry

Ingredientes

- 1 cucharadita de polvo de curry
- 3 cucharadas de mayonesa
- ¼ de taza de crema ligera o yoghurt natural
- Jugo de 12 limones
- 1 pizca de pimentón
- Sal y pimienta

Preparación

Mezcle bien el curry con el pimentón, la sal y la pimienta, incorpore el jugo de limón y revuelva con un tenedor. Agregue la crema y la mayonesa incorporando bien. Refrigere hasta el momento de servirla.

Vinagreta de ajo

Ingredientes

- ⅓ de taza de aceite de oliva
- 3 cucharadas de jugo de limón
- 3 cucharadas de vinagre de manzana
- 1 cucharada de mostaza
- 1 cucharada de perejil picado
- 1 yema de huevo
- 2 dientes de ajo machacados y picados
- Unas gotas de salsa tipo Tabasco
- Sal y pimienta, al gusto

Preparación

Mezcle bien la mostaza con la yema, el perejil, el ajo y el jugo de limón. Incorpore el aceite en un hilo continuo mientras revuelve con el batidor, por último agregue la salsa tipo Tabasco y el vinagre, revuelva bien. Refrigere hasta el momento de usarla.

Vinagreta Elianne

Ingredientes

- ¾ de taza de aceite de oliva virgen
- ½ taza de cada uno: vinagre de manzana y salsa de soya
- 3 dientes de ajo machacados y picados
- Cebolla cortada en lunas al gusto
- Perejil picado al gusto
- Salsa inglesa al gusto
- Jugo sazonador tipo maggi al gusto

Preparación

Mezcle y deje que se incorporen los ingredientes. Es una vinagreta, deliciosa, puede agregarle aceitunas. Puede conservarla semanas en el refrigerador.

Salsas

Salsa bechamel 1 (Francia)
(salsa blanca básica)

Ingredientes

1 taza de leche
10 cucharadas de cada uno:
    mantequilla derretida y harina
5 tazas de leche
    Sal y nuez moscada, al gusto

Preparación

Disuelva la harina en la leche luego incorpore la mantequilla. Ponga en la lumbre a fuego bajo; vierta la leche restante poco a poco sin cesar de mover. Sazónelas con sal y nuez moscada, deje hervir 3 minutos.

Variación. Cuando la salsa bechamel esté caliente agregue $^1/_2$ taza de queso parmesano y deje en la lumbre 2 minutos más. Si desea agréguele setas.

Salsa bechamel 2

Ingredientes

2 cucharadas de cebolla, picada finamente
1 cucharada de cada uno: mantequilla y harina
1 taza de crema o yoghurt natural
    Leche, la necesaria
    Nuez moscada al gusto
    Sal y pimienta, al gusto
$^1/_2$ taza de vino blanco (opcional)

Preparación

Licue la harina con la leche. Derrita la mantequilla y acitrone ligeramente la cebolla, agregue la mezcla de harina y leche, sazone con las especias y la sal, deje hervir a fuego bajo hasta que tenga consistencia espesa. Agregue la crema.

Variación. Con setas. Aparte cueza setas secas hidratadas con 1 cucharada de aceite, 1 diente de ajo machacado y 1 cucharada de queso parmesano. Agregue a la salsa y deje cocer unos minutos para que se sazone la salsa.

Salsa blanca

Ingredientes

2 cucharadas de cada uno: mantequilla y fécula de
    maíz o harina
$^1/_4$ de cucharadita de cada uno: mostaza en polvo y
    crema natural
$^1/_2$ litro de leche
    Sal y pimienta, al gusto
$^1/_4$ de vaso de vino blanco (opcional)

Preparación

Licue todos los ingredientes menos el vino y la mantequilla. Derrita la mantequilla e incorpore a la olla los ingredientes licuados. Deje que hierva a fuego bajo sin cesar de mover. Si la salsa le queda espesa agregue más leche.

Variaciones. Agregue cebollín, albahaca, piñón o almendra.

Salsa blanca de avena

Ingredientes

1/2 taza de avena
2 cucharadas de mantequilla
1/2 cebolla
1 taza de leche
1 pizca de nuez moscada
Sal al gusto

Preparación

Licue en seco la avena. Acitrone la cebolla en la mantequilla. Agregue la avena y poco a poco vaya agregando la leche. Sazone y deje cocer 2 minutos.

Salsa blanca de queso

Ingredientes

4 cucharadas de cada uno: mantequilla y harina
2 1/2 tazas de leche caliente
1/2 taza de queso cheddar
1/4 de taza de queso mozarella rallado
1/4 de cucharadita de nuez moscada
Sal y pimienta blanca, al gusto

Preparación

Derrita la mantequilla, agregue la harina, revuelva bien. Deje cocer 1 minuto a fuego bajo. Agregue 1/2 taza de leche sin dejar de mover y cueza 4 minutos. Vierta el resto de la leche, las especias y los quesos, deje cocer 10 minutos más. Esta salsa es apropiada con casi cualquier verdura.

Salsa holandesa

Ingredientes

4 barras de mantequilla sin sal
2 yemas de huevo
1 cucharada de agua
1 cucharadita de jugo de limón
Sal y pimienta, al gusto

Preparación

Ponga la mantequilla en baño María (un tazón sobre una cacerola con agua caliente) a fuego bajo, hasta que se derrita. Saque la espuma y el sedimento. Conserve la mantequilla clarificada hasta el momento de usarla.

Ponga las yemas batidas con el agua, también en baño María, a fuego bajo, hasta que espesen. Agregue muy lentamente la mantequilla clarificada, revuelva sin cesar. Cuando la salsa espese, agregue el jugo de limón y sazone al gusto. Cubra con papel encerado, debe tocar la superficie, deje a fuego muy bajo hasta el momento de usarla. Es mejor servirla de inmediato, no obstante se conserva bien hasta por una hora.

Salsa de champiñones

Ingredientes

3 cucharadas de mantequilla
1 cebolla morada, picada
2 cucharadas de perejil, picado
250 g de champiñones, limpios y picados
1/4 de taza de yoghurt natural o crema espesa
Salsa Tabasco al gusto
Sal y pimienta, al gusto

Preparación

En la mantequilla sofría la cebolla, agregue el perejil y los champiñones. Cueza 4 minutos y sazone con sal, pimienta y la salsa. Licue los ingredientes con el yoghurt. Sirva sobre verduras o filetes de gluten. También puede utilizar la salsa para rellenar chiles y huevos duros.

Salsa tártara

Ingredientes

- 1 taza de mayonesa
- 1 cucharada de mostaza
- 3 pepinillos, picados finamente
- 1 cucharadita de cebollín, picado
- 1 cucharada de perejil, picado
- 2 cucharadas de alcaparra, picada
- 2 cucharaditas de jugo de limón
- 4 huevos cocidos, duros, picados
- Salsa Tabasco al gusto
- Sal y pimienta, al gusto

Preparación

Mezcle todos los ingredientes y refrigere.

Salsa de aguacate

Ingredientes

- 2 aguacates
- 1 cebolla chica
- Jugo de $^1/_2$ limón
- 4 cucharadas de aceite de oliva
- 1 pizca de jengibre
- 1 pizca de pimienta de Cayena
- Sal al gusto

Preparación

Licue la pulpa de aguacate con el resto de los ingredientes.

Salsa de rábano

Ingredientes

- $^1/_2$ taza de cada uno: rábanos y yoghurt natural
- 2 cucharadas de cada uno: salsa inglesa e hinojo fresco, picado
- 3 cucharaditas de jugo de limón
- Sal y pimienta, al gusto

Preparación

Corte grueso los rábanos y mézclelos con todos los ingredientes.

Salsa de rábano picante

Ingredientes

- 3 cucharadas de rábano picante preparado
- 1 taza de crema agria
- 1 cucharadita de jugo de limón
- 1 pizca de pimentón

Preparación

Mezcle todos los ingredientes.

Salsa para arroz

Ingredientes

- 2 tomates rojos, picados
- 4 dientes de ajo, picados finamente
- 1 cebolla, picada finamente
- 1 cucharada de cada uno: chile en polvo, cúrcuma, ajonjolí y semilla de mostaza
- 1 raja de canela
- $^1/_2$ taza de cilantro, picado finamente
- 3 cucharadas de aceite
- Caldo de verduras, el necesario
- Sal al gusto

Preparación

Caliente el aceite y sofría el ajo, la cebolla y el tomate, agregue el resto de los ingredientes y deje cocer a fuego bajo 15 minutos. Adorne con rabos de cebolla y vierta sobre arroz blanco.

Salsa de mostaza

Ingredientes

²/₃ de taza de cada uno: requesón o queso cottage; yoghurt natural y mayonesa

3 cucharadas de mostaza Dijón

2 cucharadas de ajonjolí molido

Sal al gusto

Preparación

Licue todos los ingredientes hasta que la salsa tenga consistencia cremosa. Es deliciosa. Sirva sobre cualquier ensalada o platillo.

Salsa de pasas

Ingredientes

¹/₂ taza de ciruelas pasas

³/₄ de taza de cada uno: agua y jugo de naranja

¹/₂ cucharadita de ralladura de cáscara de naranja

1 pizca de cada uno: azúcar mascabado, Sal y clavo en polvo

1 cucharada de fécula de maíz

1 cucharadita de nuez moscada

Preparación

Hierva todos los ingredientes 10 minutos, revuelva bien y sirva.

Salsa de chipotle

Ingredientes

1 taza de crema ácida

3 chipotles en escabeche

2 cucharadas de cebolla

Sal y pimienta, al gusto

Preparación

Licue todos los ingredientes.

Salsa de tomate rojo

Ingredientes

3 tomates rojos

4 dientes de ajo

1 cebolla

1 cucharada de cada uno: chile piquín en polvo, cúrcuma, ajonjolí y semilla de mostaza

1 raja de canela

¹/₂ taza de cilantro, picado

Caldo de verduras o agua

Preparación

Licue los tomates, el ajo y la cebolla. Sofría la mezcla y agregue el caldo hasta que quede la salsa espesa. Sazone con el resto de los ingredientes y deje cocer por 10 minutos. Adorne con rabos de cebolla. Esta salsa es apropiada para bañar arroz blanco o verduras.

Salsa chimichurri

Ingredientes

Rinde 1 litro

10 manojos de perejil, picado

5 cabezas chicas de ajo, picadas

1 ℓ de aceite de girasol

¹/₂ taza de aceite de oliva

5 chiles guajillo, molidos en seco sin semillas

1 taza de vinagre de manzana (comercial)

2 cucharadas de sal

1 ¹/₂ tazas de agua hirviendo

Preparación

Mezcle el perejil con el ajo y el chile, después incorpore los aceites y el vinagre. Agregue el agua hirviendo y al final la sal. Deje reposar.

Salsa de lenteja

Ingredientes

- $^3/_4$ de taza de lenteja germinada
- $^1/_4$ de taza de cada uno: cebolla cortada en cuatro y puré de tomate rojo
- 1 diente de ajo machacado y picado
- 2 cucharadas de jugo de limón
- 5 cucharadas de salsa de tomate verde
- 1 cucharadita de cada uno: comino molido y chile piquín
- $^1/_2$ cucharadita de sal marina

Preparación

Cueza la lenteja con el ajo y la cebolla. Cuele y guarde el caldo para preparar otros platillos. Licue todos los ingredientes y meta en el refrigerador hasta que espese. Es una salsa deliciosa que puede usar para bañar vegetales crudos o cocidos al vapor.

Salsa tipo catsup

Ingredientes

- 1 litro de puré de tomate rojo
- 250 g de cebolla, picada finamente
- 1 cucharada de cada uno: mostaza, sal y pimienta
- $^1/_2$ cucharadita de clavo molido
- 1 pizca de pimienta de Cayena
- 1 raja de canela
- $^1/_2$ taza de vinagre de manzana
- 4 dientes de ajo
- 2 hojas de laurel
- 125 g de azúcar morena
- 1 pizca de color vegetal comestible rojo (opcional)

Preparación

Para preparar el puré: lave y corte en pedazos suficientes tomates, cuézalos hasta que estén suaves; cuélelos con una coladera y después con manta de cielo. Mezcle todos los ingredientes y ponga a hervir a fuego muy bajo $^1/_2$ hora, mueva de vez en cuando. Guarde la salsa en frascos esterilizados y séllelos con un corcho y cera.

Salsa de berro

Ingredientes

- 1 manojo de berro
- 7 cebollitas de Cambray picadas
- 250 g de queso crema o cottage
- 4 cucharadas de jugo de tomate rojo
- 1 pizca de pimentón
  Salsa de soya al gusto
  Sal y pimienta, al gusto

Preparación

Deseche los tallos gruesos del berro, lávelo, desinféctelo y píquelo fino. Licue el queso, el jugo de tomate, la salsa de soya, la sal, la pimienta y el pimentón. Agregue el berro y las cebollitas. Vierta en un recipiente y sirva rodeado de vegetales crudos como: zanahoria, calabaza, pepino y apio.

Salsa ragu

Ingredientes

- 2 cucharadas de cada uno: mantequilla y aceite de oliva
- 1 taza de zanahoria, picada finamente
- ½ taza de cebolla, picada finamente
- 1 taza de cada uno: apio y champiñón, picados finamente
- 3 tazas de puré de tomate rojo
  Caldo de verduras, el necesario
  Leche al gusto
  Sal al gusto

Preparación

En una cacerola sofría las verduras, agregue el resto de los ingredientes y deje cocer a fuego muy bajo, 1 hora.

Salsa de ajonjolí 1

Ingredientes

- ¾ de taza de ajonjolí tostado
- 2 tomates rojos, picados finamente
- 3 dientes de ajo
- ½ taza de cada uno: perejil picado y agua
  Jugo de 1 limón
  Sal marina al gusto

Preparación

Licue el ajonjolí con el ajo, el jugo de limón, la sal y el agua. Incorpore el resto de los ingredientes y revuélvalos bien.

Salsa de ajonjolí 2

Ingredientes

- 6 cucharadas de ajonjolí
- 2 dientes de ajo
- ½ taza de aceite de oliva
- 3 cucharadas de jugo de limón
  Sal y pimienta, al gusto

Preparación

En el aceite de oliva sofría el ajo y el ajonjolí. Deje enfriar y sazone con el jugo de limón, la sal y la pimienta. Si prefiere licue todos los ingredientes. Es un aderezo rico en sabor y fibra.

Salsa de curry y mayonesa

Ingredientes

- ½ taza de cada uno: mayonesa y crema agria
- 1 cucharadita de cada uno: jugo de limón y curry
  Sal y pimienta, al gusto

Preparación

Revuelva bien todos los ingredientes hasta que se incorporen.

Salsa de miso

Ingredientes

- 1 cucharada de miso (pasta de soya y cebada)
- 4 cucharadas de tahini (pasta de ajonjolí)
- 1 cucharada de agua

Preparación

Mezcle el tahini con el agua, agregue el miso y caliente sólo medio minuto.

Esta salsa es apropiada para servir con arroz y otros cereales.

Variación. 1 parte de miso; tres de tahini y 6 de agua.

Salsa de cebolla al miso

Ingredientes

- 2 cucharadas de miso (pasta de soya y cebada)
- 1 cucharada de tahini (pasta de ajonjolí)
- 2 cebollas cortadas en trozos
- 2 tazas de agua
- 1 cucharada de harina de trigo
- Aceite de girasol
- Perejil, picado finamente

Preparación

Disuelva el tahini y el miso en agua. Caliente el aceite y sofría la cebolla, agregue la mezcla de tahini, deje cocer unos minutos, luego agregue la harina disuelta en agua. Cueza a fuego bajo 7 minutos. La salsa debe quedar espesa. Apague el fuego y agregue el perejil.

Salsa de tamari

Ingredientes

- 1 parte de tamari (pasta de soya y trigo)
- 2 partes de tahini (pasta de ajonjolí)
- 6 partes de agua

Preparación

Mezcle los ingredientes y póngalos a fuego bajo, deje que hierva, sin dejar de mover hasta que la salsa esté espesa. Si quiere agregue un poco de jugo de limón. Esta salsa se recomienda para tiempo de calor.

Salsa de perejil

Ingredientes

- 1 manojo de perejil, picado finamente
- 1 diente de ajo, picado finamente
- 1 huevo duro, machacado
- 100 g de migas de pan integral
- Aceite de girasol o de ajonjolí, el necesario
- Sal marina al gusto

Preparación

Mezcle el perejil, el ajo, el huevo y el pan. Vierta poco a poco el aceite, la salsa debe quedar suficientemente espesa y sazónela con sal. Es excelente para acompañar sobre huevos duros o escalfados.

Salsa de albahaca (pesto)

Ingredientes

- 1 taza de albahaca, picada finamente
- 1 diente de ajo, picado finamente
- 1/2 taza de aceite de girasol o de ajonjolí
- Sal marina al gusto
- 2 dientes de ajo, picados finamente
- 2 cucharadas de queso rallado

Preparación

Mezcle los ingredientes y vierta el aceite. Si prefiere puede licuar el ajo, la albahaca y el queso, luego agregue el aceite y el resto de los ingredientes, revuelva bien. Es mejor prepararla al momento de servirla. Es excelente para espaguetis y todo tipo de pasta.

Aderezos

Alioli

Ingredientes

- 5 dientes de ajo
- 2 yemas de huevo
- 1 taza de aceite de oliva
- $\frac{1}{2}$ cucharadita de jugo de limón
- Salsa Tabasco al gusto
- Sal marina

Preparación

En un molcajete muela el ajo con la salsa Tabasco. Licue el resto de los ingredientes hasta que espese.

Variación. 1 cabeza de ajo, $\frac{1}{4}$ de taza de aceite y sal de mar. Corte los ajos y lícuelos, agregue la sal y el aceite y siga licuando hasta que se espese.

Pesto de Jorge 1

Ingredientes

- 2 manojos de albahaca, picada (hojas y flor)
- 150 g de nuez o piñón, picado
- 2 dientes de ajo machacados y picados
- Aceite de oliva al gusto
- Aceite de pepita de uva al gusto
- Sal al gusto

Preparación

Desinfecte la albahaca. Mezcle todos los ingredientes. Para guardar el pesto cúbralo de aceite.

Pesto 2

Ingredientes

- $\frac{1}{2}$ manojo de albahaca
- 1 manojo de perejil
- 100 g de queso parmesano
- $\frac{1}{4}$ de taza de cada uno: nuez y piñón
- 5 dientes de ajo
- $\frac{1}{2}$ taza de aceite de oliva
- Sal y pimienta al gusto
- Nuez moscada al gusto

Preparación

Licue todos los ingredientes, sirva con pasta o con alubias, papas y queso.

Aderezo de menta

Ingredientes

- $\frac{1}{2}$ taza de mayonesa
- 4 hojas de menta, picada
- 2 cucharadas de jugo de limón
- 1 cucharada de vinagre de manzana
- Salsa Tabasco al gusto
- Sal y pimienta, al gusto

Preparación

Mezcle muy bien todos los ingredientes.

Aderezo de mostaza

Ingredientes

- 3 cucharadas de mostaza Dijón
- ²/₃ de taza de cada uno: yoghurt y mayonesa
- ¹/₂ taza de queso crema o cottage
- 2 cucharadas de ajonjolí molido
- Sal al gusto

Preparación

Licue todos los ingredientes hasta que tenga consistencia cremosa. Sirva sobre vegetales crudos o cocidos.

Aderezo de queso

Ingredientes

- 500 g de requesón o queso fresco
- 1 ¹/₂ tazas de yoghurt natural
- ¹/₄ de taza de mayonesa (opcional)
- ¹/₂ taza de ajonjolí tostado y molido
- 1 cucharadita de cebolla, picada finamente
- 5 cucharadas de salsa de soya

Preparación

Licue todos los ingredientes hasta que se incorpore el aderezo.

Aderezo Roquefort

Ingredientes

- Queso Roquefort al gusto
- 1 taza de yoghurt natural
- 7 almendras
- 3 dientes de ajo
- Salsa de soya al gusto

Preparación

Licue todos los ingredientes. Sirva con ensalada de berro.

Aderezo cremoso

Ingredientes

- 4 cucharadas de crema agria
- 6 cucharadas de aceite de oliva
- 2 cucharadas de vinagre de manzana

Preparación

Licue todos los ingredientes, hasta que se incorporen.

Aderezo francés

Ingredientes

- ¹/₄ de taza de cada uno: agua y jugo de limón
- ¹/₂ taza de aceite
- 4 dientes de ajo
- 1 cucharada de cada uno: jugo sazonador tipo maggi, salsa inglesa, pimentón dulce
- Pimienta al gusto

Preparación

Licue todos los ingredientes hasta que se incorporen. Sirva sobre ensalada.

Aderezo de perejil

Ingredientes

- 1 manojo de perejil
- 1/4 de taza de aceite
- 1/8 de taza de jugo de limón
- 3 dientes de ajo
  Salsa de soya al gusto
  Jugo sazonador tipo maggi al gusto

Preparación

Licue todos los ingredientes hasta que se incorporen. Es apropiado para ensaladas crudas.

Aderezo de aguacate

Ingredientes

- 3 aguacates, pelados y sin hueso
- 1 taza de yoghurt
- 3 dientes de ajo
- 1 cucharada de cada uno: ajonjolí tostado y
  aceite de oliva
  Salsa de soya al gusto
  Pimienta al gusto
  Leche, si es necesario

Preparación

Licue todos los ingredientes hasta que se incorporen, excepto el ajonjolí que se usa para adornar. Es apropiado para ensalada de berro.

Aderezo de rábano 1

Ingredientes

- 1 cucharada de rábano rallado
- 2 chalotes o 1/2 cebolla morada rallada
- 5 tomates rojos deshidratados
- 3 dientes de ajo, picados finamente
- 1/4 de taza de vinagre de manzana
- 1/3 de taza de crema agria o yoghurt
- 1/2 taza de aceite de oliva
  Sal y pimienta, al gusto

Preparación

Rehidrate los tomates y píquelos. Mezcle todos los ingredientes. Agregue el aceite muy lento sin dejar de batir.

Aderezo de rábano 2

Ingredientes

- 2/3 de taza de aceite de oliva
- 1/3 de taza de vinagre de manzana
- 1/4 de cucharadita de semilla de comino molida
- 1 cucharada de mostaza Dijón
- 1 rábano rallado
  Miel al gusto
  Sal al gusto

Preparación

Mezcle todos los ingredientes hasta que se incorporen.

Aderezo de chícharos

Ingredientes

300 g de chícharo cocido en poca agua
1 taza de yoghurt
Sal y pimienta, al gusto

Preparación

Licue todos los ingredientes hasta que el aderezo tenga consistencia cremosa. Este aderezo es ideal para acompañar cualquier guisado de verduras.

Aderezo de pétalos de rosa

Ingredientes

$3/4$ de taza de pétalos de rosa
1 taza de yoghurt natural
$1/4$ de taza de avellana o nuez
1 pizca de nuez moscada
Piñones al gusto

Preparación

Licue los ingredientes, excepto los piñones, hasta que se incorporen. Adorne con los piñones.

Aderezo de pimiento

Ingredientes

1 pimiento rojo asado y pelado
2 dientes de ajo
Jugo de 1 limón
1 cucharada de mostaza Dijón
$1/4$ de taza de vinagre de manzana
1 taza de aceite de oliva

Preparación

Licue todos los ingredientes, el aceite se agrega lentamente con el motor encendido para que se vaya incorporando.

Aderezo de almendra

Ingredientes

6 cucharadas de almendra, picada
1 taza de yoghurt natural
Jugo de 1 limón
3 dientes de ajo
$1/4$ de taza de aceite
Sal al gusto

Preparación

Licue todos los ingredientes. Sirva sobre su ensalada preferida. En lugar de almendra puede utilizar nuez, avellana, cacahuate o ajonjolí.

Aderezo de ajonjolí

Ingredientes

6 cucharadas de ajonjolí
2 dientes de ajo machacados
$1/2$ taza de aceite de oliva
Jugo de 2 limones
Sal y pimienta, al gusto

Preparación

En un poco de aceite sofría el ajo y el ajonjolí, ya que estén fríos mézclelos con el resto de ingredientes. Es delicioso.

Aderezo de pepita de calabaza

Ingredientes

9 cucharadas de pepita de calabaza
1 taza de yoghurt natural
Jugo de 1 limón
3 dientes de ajo
$\frac{1}{8}$ de taza de aceite
Sal al gusto

Preparación

Licue todos los ingredientes. Sirva frío sobre ensalada.

Aderezo de trigo

Ingredientes

$\frac{1}{2}$ taza de trigo germinado o trigo, quebrado y remojado
3 ramas de cada uno: perejil y hierbabuena
$\frac{1}{2}$ cebolla chica
3 tomates rojos chicos
Sal y pimienta, al gusto

Preparación

Licue todos los ingredientes, sirva sobre verduras crudas. Se conserva bien en el refrigerador varios días.

Aderezo de naranja

Ingredientes

$\frac{1}{2}$ taza de jugo de naranja
$\frac{1}{4}$ de taza de cada uno: jugo de limón y aceite de oliva
$\frac{1}{2}$ cucharadita de comino molido
$\frac{1}{2}$ cucharadita de semilla de cilantro
Sal marina al gusto

Preparación

Mezcle bien todos los ingredientes, hasta que se incorporen.

Aderezo de nuez

Ingredientes

$\frac{1}{2}$ taza de nuez
$\frac{1}{4}$ de taza de agua
2 cucharadas de vinagre
1 diente de ajo
Sal y pimienta, al gusto

Preparación

Licue todos los ingredientes, el aderezo debe quedar con consistencia cremosa.

Nogada

Ingredientes

2 tazas de nuez
1 taza de almendra limpia
1 queso crema
Crema, la necesaria

Preparación

Licue todos los ingredientes hasta que se incorporen, agregue la crema; el aderezo debe quedar con consistencia cremosa.

Dips

Dip de tofu

Ingredientes

250 g de tofu cortado en cubos

3/4 de taza de yoghurt o crema fresca

Jugo de 1 limón

1 cucharada de pepita de calabaza

4 cucharadas de diferentes hierbas: albahaca, eneldo, berro, cilantro fresco y picado, perejil, orégano

Sal y pimienta, al gusto

200 g de requesón

1/2 taza de yoghurt natural

1 cebolla chica, picada

1 pizca de azúcar morena

1 cucharada de aceite de oliva

Preparación

Mezcle el tofu, la crema y el jugo de limón hasta obtener puré, agregue las hierbas, la pepita, la sal y la pimienta. Revuelva el requesón con el yoghurt y la cebolla. Junte las dos mezclas y sazone con la sal, la pimienta, el azúcar y el aceite de oliva. Si prefiere una consistencia cremosa puede licuar los ingredientes. Acompañe con pan negro o integral.

Dip de berenjena

Ingredientes

1 berenjena mediana con cáscara, cortada en cubos

1 cebolla grande, picada

2 huevos cocidos

3 cucharadas de aceite

1/2 cucharadita de cada uno: pimentón y sal

Preparación

En el aceite sofría la cebolla, agregue la berenjena, la sal y el pimentón, cueza hasta que se suavice la berenjena. Licue el sofrito con uno de los huevos y la clara del otro. Vierta en un tazón y espolvoree encima la yema picada del otro huevo. Sirva con vegetales crudos y galletas de salvado.

Dip de aguacate

Ingredientes

1 queso crema o cottage grande

3 aguacates

2 cucharadas de crema espesa

1 cucharada de cebolla, picada finamente

Chile serrano, picado al gusto

Sal y pimienta, al gusto

Preparación

Suavice el queso y el aguacate con un tenedor hasta obtener pasta; agregue el resto de los ingredientes. Sirva en un plato hondo, alrededor ponga galletas, pan tostado o totopos.

Dip de hierbas

Ingredientes

2 cuadros de tofu

2 cucharadas de perejil, picado

1 cucharada de cilantro, picado

1/2 cucharada de cada uno: albahaca fresca, picada y orégano

1 cucharada de aceite de oliva

Sal al gusto

Preparación

Licue todos los ingredientes hasta que el dip tenga consistencia cremosa.

Dip de espinaca

Ingredientes

- 1 taza de espinacas a medio cocer
- 1/4 de cebolla rebanada y frita
- 1/2 taza de queso derretido
- Crema al gusto
- Sal al gusto

Preparación

Licue todos los ingredientes. Sirva con vegetales o galletas.

Mayonesas

Mayonesa sin huevo

Ingredientes

- 1 taza de queso cottage o queso crema
- 1 cucharadita de mostaza en polvo
- 1/2 cucharadita de pimentón
- 2 cucharadas de aceite
- 1 cucharada de cada uno: agua y vinagre de manzana
- 1 pizca de pimienta

Preparación

Licue todos los ingredientes hasta obtener una mezcla suave, si es necesario agregue más agua. Refrigere en un recipiente cerrado herméticamente una semana antes de usarla. Rinde una taza, 28 calorías.

Mayonesa con huevo

Ingredientes

- 2 huevos
- Jugo de 2 limones
- 6 dientes de ajo
- Sal al gusto
- Aceite, el necesario para espesar

Preparación

Licue los huevos con el jugo de limón, el ajo y la sal. Agregue el aceite en un hilo continuo hasta que espese. Puede agregar 2 cucharadas de crema.

Variación. Agregue queso Roquefort, pimentón y la especia que prefiera.

Mayonesa de tofu

Ingredientes

- 1 taza de tofu (queso de soya)
- 3 dientes de ajo molidos
- 5 cucharaditas de cada uno: aceite y jugo de limón
- Sal y pimienta, al gusto

Preparación

Licue todos los ingredientes. Si gusta agregue cilantro, perejil, orégano, ajonjolí tostado o cebolla.

Purés

Puré rosa

Ingredientes

- 1 kg de papa cocida con sal y ajo, pelada y machacada
- 50 g de mantequilla
- 1 huevo
- 1 pizca de nuez moscada
- Sal al gusto
- Leche, la necesaria
- Jugo de betabel o color vegetal comestible

Preparación

Derrita la mantequilla, agregue el puré de papa y deje calentar, retire del fuego, agregue el huevo, la sal, la nuez moscada, el jugo de betabel y la leche.

Puré al horno

Ingredientes

- 1 kg de papa cocida y machacada, caliente
- 1/4 de taza de cada uno: mantequilla derretida, crema y mayonesa
- 250 g de queso que gratine

Preparación

Mezcle los primeros cuatro ingredientes. Coloque en un refractario y ponga el queso encima. Hornee hasta que gratine.

Puré de berenjena

Ingredientes

- 2 berenjenas
- 1/2 cebolla, picada
- 1 tomate rojo, picado
- 1 pimiento morrón, picado
- 1 huevo cocido duro, picado
- Sal y pimienta, al gusto

Preparación

Corte las berenjenas en cuartos y cuézalas en poca agua con sal. Ya que estén cocidas, escúrralas y sofríalas con el resto de ingredientes, excepto el huevo, sazone con sal y pimienta, licue, ya que esté frío mezcle el huevo.

Variación. Puede hacer el puré con berenjena y cambiar el resto de los ingredientes por pepinillos, mayonesa, jugo de limón y sal de ajo.

Puré de garbanzo y berenjena

Ingredientes

- 1 taza de cada uno: garbanzo cocido y berenjena, pelada y cortada en cubos
- 1/2 taza de cebolla, picada
- 3 dientes de ajo machacados y picados
- 2 cucharadas de mantequilla
- Sal y pimienta, al gusto

Preparación

En la mantequilla sofría la berenjena y el garbanzo, deje cocer 5 minutos, agregue el ajo y la cebolla. Sazone con sal y pimienta, cueza 5 minutos más. Licue la mezcla y sirva caliente.

Humus Be Tjine

Ingredientes

- 1 taza de garbanzo cocido (conserve el caldo de cocción)
- 2 cucharadas de salsa de ajonjolí
  Jugo de 2 limones
- 3 dientes de ajo
  Nueces al gusto
  Sal al gusto

Preparación

Licue todos los ingredientes con un poco del caldo de cocción del garbanzo y unas cuantas nueces. Debe quedar con consistencia de puré. Adorne con nueces, pimentón, aceite de oliva (poco) y perejil chino. Sirva con pan árabe cortado en triángulos. También es delicioso como botana.

Fallafel de garbanzo

Ingredientes

- 1 taza de garbanzos remojados (una noche)
- 1 cebolla mediana
- $\frac{1}{4}$ de cucharadita de comino
- 1 chile serrano
- 1 rebanada de pan de caja, remojado en agua
- 1 pizca de bicarbonato
  Perejil, cilantro y sal, al gusto
  Aceite, el necesario

Preparación

Licue todos los ingredientes y con la mezcla haga bolas chicas, fría en aceite hasta que se doren.

Sugerencia para servir. Rellene pan árabe cortado a la mitad y abierto, con el fallafel, la tjina (receta más adelante) y ensalada de verdura cruda: tomate rojo, pepino fresco, cebolla, pimiento verde, todo picado, acompañe con salsa picante.

Tjina

Ingredientes

- 5 cucharadas de ajonjolí en pasta y agua fría
- 3 cucharadas de jugo de limón
- 1 diente de ajo
  Perejil y sa,l al gusto

Preparación

Licue todos los ingredientes.

Varios

Gomasio

Ingredientes

7 a 12 cucharadas de ajonjolí
1 a 7 cucharadas de sal de mar

Preparación

Lave el ajonjolí y tuéstelo. Aparte tueste la sal. Deje enfriar y licue en seco los ingredientes. Guarde en un frasco de vidrio. Sirva con ensaladas, sopas, guisados.

Tahini (mayonesa de ajonjolí)

Ingredientes

1 taza de ajonjolí, limpio
1 $\frac{1}{2}$ tazas de agua
$\frac{1}{4}$ de taza de jugo de limón
1 diente de ajo
Sal al gusto

Preparación

Licue todos los ingredientes hasta que tengan consistencia de crema espesa. Al servir agregue perejil picado y aceite de oliva. Es apropiado para aderezar verduras: chayote, papa, zanahoria, ejote, chícharo. Es un delicioso sustituto de la mantequilla o la crema.

Para dieta sin sal

Ingredientes

30 g de cada uno: semilla de ajonjolí y semilla de mijo
10 g de sal marina

Preparación

Muela y ponga en un salero. Si le falta salinidad, agregue ajonjolí tostado y molido.

Ghee (mantequilla clarificada)

Ponga a hervir mantequilla sin sal, 10 minutos a fuego medio. Apague el fuego y deje reposar unos minutos, elimine la espuma blanca. El líquido amarillo transparente que queda es el ghee. Vierta en un recipiente sin que escurra el sedimento blanco. Use en lugar de mantequilla o aceite.

Queso casero

Ingredientes

2 ℓ de leche
Jugo de 4 limones

Preparación

Ponga a hervir la leche, cuando suelte el hervor, agregue el jugo de limón (o $\frac{1}{2}$ cucharadita de sal de Epson), deje hervir a fuego bajo hasta que el suero esté transparente. Cuele sobre una tela delgada, deje que escurra y luego prense. Puede freír el queso con cebolla y comino o cilantro en polvo.

Puede usar el suero para beber en lugar de agua para tomar, untarse en el cuerpo o usarlo para hacer pan. Puede conservarlo en el refrigerador 2 días.

(Receta del Maestro Harish Johari, cocina hindú.)

Margarina de hierbas

Ingredientes

450 g de margarina o mantequilla
1 $\frac{1}{2}$ cucharadas de diferentes hierbas: cebollín, perejil, romero, orégano y tomillo

Preparación

Mezcle bien todos los ingredientes. Refrigere más de una hora para que se mezclen los ingredientes. Utilícela para untar pan, elote tierno cocido.

Vinagre de manzana

Ingredientes

3 manzanas grandes ralladas
1 piloncillo grande
1 ℓ de agua

Preparación

Mezcle los ingredientes en un envase de vidrio que tenga tapa y cierre herméticamente. Deje macerar una semana y después refrigere.

Pasta para capear 1
(receta especial)

Ingredientes

$^{1}/_{2}$ taza de cada uno: germen de trigo y harina blanca
$^{1}/_{4}$ de taza de harina integral
1 cucharadita de polvo para hornear
1 huevo
Agua tibia, la necesaria

Preparación

En un recipiente coloque las harinas, vaya incorporando agua tibia y bata, agregue el huevo y siga batiendo hasta que tenga consistencia de atole bastante espeso. Esta mezcla es apropiada para capear: verduras, cebolla, chiles.

Pasta para capear 2

Ingredientes

200 g de harina
3 huevos
3 cucharadas de cada uno: cebolla y nuez molida
2 cucharadas de aceite
Agua tibia, la necesaria
Sal marina al gusto

Preparación

Licue todos los ingredientes hasta que tenga consistencia de atole espeso.

Requesón

Ingredientes

2 ℓ de leche
4 cucharadas de jugo de limón

Preparación

Ponga la leche en la lumbre; cuando suelte el hervor, baje el fuego y agregue el limón. Mueva suavemente con una cuchara de madera, hasta que la leche se separe en grumos de requesón y suero. El suero debe estar claro, de lo contrario, agregue más jugo de limón. Apague el fuego. Deje enfriar y cuele a través de una tela. Enjuague la cuajada bajo el chorro de agua. Cuélguelo con algo pesado para que escurra bien, déjelo de 15 minutos a 2 horas.

Salsas picantes

Salsa de limón

Ingredientes

1 cebolla fileteada o picada, macerada en jugo de limón
10 chiles verdes
Agua y aceite, el necesario
Sal y orégano, al gusto

Preparación

Fría los chiles, luego molcajetéelos con sal y orégano. Agregue la cebolla y el agua necesaria.

Salsa de cascabel

Ingredientes

10 chiles cascabel tostados y remojados
10 dientes de ajo
2 a 3 tomates rojos (opcional)
Aceite al gusto
Vinagre de manzana al gusto
Orégano al gusto
Sal al gusto

Preparación

Licue los ingredientes con el vinagre necesario para que quede con consistencia de salsa. Si no desea que la salsa quede muy picosa, desvene los chiles.

Salsa chatni

Ingredientes

$^1/_2$ manojo de cilantro
1 cucharada de cada uno: semillas de cilantro, ajo picado, chile verde y jugo de limón
1 tomate rojo
Sal al gusto

Preparación

Licue todos los ingredientes. Es deliciosa con arroz blanco.

(Receta del Maestro Harish Johari, cocina hindú.)

Salsa verde

Ingredientes

250 g de tomate verde
3 chiles serranos
2 dientes de ajo
2 cucharadas de cilantro
1 cucharada de cebolla
Sal al gusto

Preparación

Licue todos los ingredientes.

Salsa de chipotle

Ingredientes

2 tomates rojos o 5 tomates verdes asados
4 dientes de ajo
2 chiles chipotle secos, fritos

Preparación

Licue todos los ingredientes.

Salsa de chile guajillo

Ingredientes

10 chiles guajillo fritos
7 dientes de ajo
1 pizca de comino (opcional)
Agua

Preparación

Licue todos los ingredientes.

Salsa pico de gallo

Ingredientes

- 2 tomates rojos, picados finamente
- 5 chiles serrano, picados
- ½ cebolla, picada finamente
- Sal al gusto

Preparación

Pique los ingredientes y mézclelos.

Salsa de chile habanero

Ingredientes

- 20 chiles habanero
- ¼ de cebolla
- 2 dientes de ajo
- ¼ de taza de cada uno: vinagre y aceite de oliva

Preparación

Lave los chiles y quíteles el rabo. Sancoche ligeramente los chiles con la cebolla y el ajo, luego licue todos los ingredientes. Es una salsa tan picosa como sabrosa.

Adobo

Ingrediente

- 6 chiles anchos hervidos
- 2 tomates rojos hervidos
- ½ cebolla asada
- 5 dientes de ajo
- ½ cucharadita de comino
- 1 clavo
- 1 raja de canela
- 4 cucharadas de aceite
- Sal al gusto

Preparación

Ponga a hervir los chiles y los tomates. Ase la cebolla y licue todos los ingredientes, excepto el aceite, cuele la mezcla. Sazónela en el aceite y deje cocer 10 minutos a fuego bajo.

Pipián verde

Ingredientes

- 15 tomates verdes crudos
- ½ taza de pepita de calabaza frita
- ½ cebolla asada
- 3 dientes de ajo
- 1 clavo
- 1 raja de canela
- ¼ de cucharadita de comino
- Agua, la necesaria
- Sal al gusto

Preparación

Licue todos los ingredientes y sazone la mezcla en el aceite. Deje cocer 10 minutos. La consistencia de la salsa es ligeramente espesa.

Pipián rojo

Ingredientes

- 4 tomates rojos asados
- ¾ de cebolla asada
- 4 dientes de ajo
- ½ taza de cacahuate frito
- ¼ de taza de ajonjolí frito
- 1 chile guajillo frito
- 1 clavo
- 1 raja de canela
- Sal al gusto

Preparación

Licue todos los ingredientes, sazone la mezcla, déjela cocer 15 minutos a fuego bajo.

Panes, pasteles y postres

Postres y pays

Pastel o panqué de zanahoria

Ingredientes

- 1 taza de cada uno: harina integral, harina blanca, azúcar mascabado y aceite de maíz
- 1 ½ cucharadas de canela en polvo (copeteadas)
- 2 cucharadas de polvo para hornear
- ¼ de cucharadita de sal
- 4 tazas de zanahoria cruda, rallada
- 4 huevos
  Pasas y nueces, al gusto

Preparación

Licue los huevos, el azúcar, el aceite y un poco de leche. Cierna las harinas, la canela, el polvo para hornear y la sal, luego agréguele la zanahoria. A los ingredientes secos incorpore la mezcla licuada y luego las pasas enharinadas y las nueces. Hornee a 180 °C (350 °F) de 20 a 30 minutos.

Variación. Puede agregar ajonjolí, jugo de naranja o trozos pequeños de cáscara de naranja. En lugar de zanahoria puede utilizar calabaza rallada.

Pastel de manzana

Ingredientes

150 g de harina integral
 50 g de fécula de maíz
  2 cucharaditas de polvo para hornear
100 g de cada uno: mantequilla derretida y azúcar mascabado
  2 huevos
  4 cucharadas de leche
  1 cucharadita de vainilla
  4 gotas de limón
800 g de manzana pelada y cortada en gajos
    Grumos de mantequilla (receta más adelante)

Preparación

Cierna los ingredientes secos y licue el resto. Ponga la mezcla de harina en un recipiente y vaya incorporando los ingredientes líquidos, revuelva hasta incorporar la pasta. Engrase y enharine un molde, vierta la pasta, encima ponga la manzana en forma de corona. Prepare los grumos de mantequilla y distribúyalos sobre la manzana. Hornee a 180 °C, 40 minutos. Saque del horno y deje enfriar, luego espolvoree el pastel con azúcar pulverizada.

Zuppa inglesa

Ingredientes

Bizcocho

  6 huevos, separados
  1 taza de harina
$^3/_4$ de taza de azúcar

Crema pastelera

  3 tazas de leche
$^3/_4$ de taza de azúcar
  4 cucharadas de harina
  8 yemas de huevo
  1 cucharadita de extracto de vainilla

Relleno

$^1/_4$ de taza de cada uno: acitrón, cereza e higo, todos picados, y pasas
$^1/_2$ taza de ron o jerez seco

Adorno

    Receta básica de betún (véase *Cubiertas para pasteles, en esta sección*)

Preparación

Bizcocho. Bata las yemas con la mitad del azúcar a punto de cordón y aparte las claras a punto de turrón con la otra mitad del azúcar; junte las dos mezclas con movimientos suaves envolventes, con suavidad agregue la harina (cernida tres veces), vierta la mezcla en una charola extendida cubierta con papel encerado. Hornee a 175 °C, 15 minutos.

Crema pastelera. Revuelva la harina con la mitad del azúcar y la otra mitad de azúcar con las yemas. Ponga la leche a hervir, agregar la harina con el azúcar diluida en un poco de leche, sin cesar de mover, luego agregue las yemas, revuelva bien y retire del fuego directo, ponga a baño María, agregue la sal y bata hasta que espese. Retire del fuego y deje enfriar.

Para armar. Engrase un molde cóncavo. Corte el mamón en tiras y póngalas en el molde, humedézcalas con el jerez, encima ponga un poco de crema y las frutas; ponga otra capa igual de mamón, jerez, crema, frutas; termine con una capa de mamón. Refrigere toda la noche. Voltéelo sobre un platón y unte el betún ayudándose con un tenedor volteado hacia arriba. Rocíe con azúcar y meta al horno a 250 °C, unos 10 minutos hasta que dore un poco. Es delicioso.

Pastel de queso

Ingredientes

150 g de cada uno: queso panela, queso crema y queso Chihuahua
1 taza de yoghurt
5 huevos
1 lata de leche condensada

Preparación

Licue todos los ingredientes. Unte con mantequilla un molde, enharínelo y vierta la mezcla. Hornee a 150 °C (300 °F), una hora. A medio cocer agregue pasas (opcional). Puede utilizar esta mezcla como relleno para pay de queso.

Pastel de nuez y manzana

Ingredientes

$^{1}/_{2}$ taza de cada uno: harina integral de trigo y harina blanca
1 taza de cada uno: mantequilla y leche condensada
3 huevos
$^{1}/_{4}$ de taza de mermelada de zarzamora
4 manzanas rebanadas
150 g de nuez molida
2 cucharadas de azúcar
1 cucharadita de canela en polvo

Preparación

Cierna los ingredientes secos. Licue bien la mantequilla con la leche condensada, los huevos y la mermelada. Ponga la mezcla de harina y vaya incorporando la mezcla licuada. Engrase un molde y ahí acomode las rebanadas de manzana, encima espolvoree la nuez molida, el azúcar y la canela en polvo. Vierta la pasta. Hornee a 150 °C (300 °F), 40 minutos más o menos, revíselo antes de sacarlo del horno.

Pastel alemán de dátil

Ingredientes

500 g de cada uno: dátil sin hueso, picado y nuez, picada
1 taza de cada uno: harina y azúcar mascabado
2 cucharaditas de polvo para hornear y extracto de vainilla
$^{1}/_{2}$ cucharadita de sal
4 a 5 huevos

Preparación

Precaliente el horno a 200 °C. Cierna tres veces los ingredientes secos y agregue los dátiles y las nueces. Bata las claras a punto de turrón, luego agregue con movimientos envolventes las yemas y la vainilla. Engrase un molde y fórrelo con papel de estraza o papel encerado. Vierta la pasta en el molde, métalo al horno y deje cocer de 1 a 1$^{1}/_{2}$ horas. Retire el papel cuando aún esté caliente. Puede cubrirlo con betún.

Pastel de soya

Ingredientes

2$^{1}/_{2}$ tazas de harina de soya
1$^{1}/_{2}$ tazas de harina blanca
4 cucharaditas de polvo para hornear
1 cucharadita de bicarbonato de sodio
1 taza de cada uno: azúcar mascabado, leche y aceite
50 g de cada uno: nuez picada y pasas

Preparación

Cierna los ingredientes secos tres veces. Bata los huevos con el azúcar hasta que tenga punto de cordón. Agregue la leche y el aceite a la harina y por último los huevos. En un molde engrasado y enharinado vierta la pasta. Hornee a 200 °C (375 °F).

Pasta para pay 1

Ingredientes

1 ¾ de tazas de harina integral
¾ de taza de harina blanca
½ taza de cada uno: leche o agua tibia, aceite y azúcar mascabado
2 ½ cucharaditas de polvo para hornear

Preparación

Cierna las harinas, el polvo para hornear y el azúcar, ponga estos ingredientes en un recipiente y vaya agregando los demás revolviendo hasta que se incorpore la masa. Extienda la masa cubriendo el molde, rellene con fruta espolvoreada con azúcar mascabado, hornee a 180 °C, 30 minutos. Si quiere cubrir el pay prepare el doble de masa. Con esta masa puede hacer galletas, hornéelas a 180 °C, 15 minutos.

Pasta para pay 2 (receta básica)

Ingredientes

2 tazas de harina
1 barra de mantequilla
1 pizca de sal
2 cucharadas de azúcar mascabado
3 cucharadas de agua helada (si es necesario)

Preparación

Mézclelos con un tenedor excepto el agua y al final agregue el agua si es necesario, mezcle bien. Extienda la masa, forre el molde y ponga el relleno de su preferencia. Puede agregarle yema de huevo.

Variación. Puede sustituir la harina por una taza de avena y una de harina de trigo.

Pasta de avena para pay 3

Ingredientes

1 taza de avena pulverizada
1 cucharada de mantequilla derretida
½ cucharadita de cada uno: sal y bicarbonato
Agua caliente, la necesaria

Preparación

Mezcle los ingredientes. Amase y extienda la masa con rodillo, lo más delgada que pueda. Ponga en un molde engrasado, rellene y hornee a 180 °C, 25 minutos.

Betunes para pastel

Betún o merengue (receta básica)

Ingredientes

6 claras de huevo
2 ½ cucharaditas de crémor tártaro
350 g de azúcar
1 taza de agua
Jugo de 1 limón

Preparación

Ponga a calentar el agua con el azúcar hasta obtener punto de hebra. Con la batidora eléctrica bata las claras con el crémor tártaro hasta que estén duras, vaya agregando la miel hirviendo y el jugo de limón, bata mucho.

Betún de chocolate

Ingredientes

- 6 tablillas de chocolate amargo o 6 cucharadas de cacao o algarrobo
- 1 taza de leche condensada
- 50 g de mantequilla

Preparación

Ponga a derretir el chocolate a baño María; agregue la leche y la mantequilla. Cuando esté caliente cubra el pastel. Es ideal para cubrir pastel de queso. Adorne con cerezas y nueces.

Betún alemán

Ingredientes

- 1 taza de cada uno: coco rallado y nuez picada
- $^3/_4$ de taza de azúcar
- 1 lata de leche evaporada grande, congelada
- $^2/_3$ de barra de mantequilla
- 3 yemas de huevo

Preparación

Licue la leche, las yemas y el azúcar. Ponga a fuego bajo a que espese, no debe hervir. Retire del fuego y agregue la mantequilla, el coco y la nuez. Deje enfriar un poco y cubra el pastel.

Crema

Ingredientes

- $^1/_2$ taza de cada uno: jugo de limón y leche evaporada
- 1 taza de leche condensada
- 1 queso crema

Preparación

Licue todos los ingredientes. Es ideal para cubrir pasteles, pays o cualquier postre.

Rellenos para pays

Queso cottage

Ingredientes

- 1 base para pay horneada 10 minutos
- 380 g de queso cottage o requesón
- 1 lata de leche condensada
- Piña al gusto
- Ciruela pasa, sin hueso

Preparación

Mezcle muy bien todos los ingredientes y vierta sobre la base para pay y hornee a 200 °C, 30 minutos o más tiempo si es necesario, revise antes de sacarlo.

Manzana

Ingredientes

- 750 g de manzana
- $^1/_3$ de taza de azúcar mascabado
- 1 cucharada de harina integral
- 1 base para pay
- 1 cucharadita de canela en polvo
- $^1/_2$ cucharadita de nuez moscada
- 1 pizca de clavo
- Mezcla para sazonar: 3 cucharadas de cada uno:

mantequilla derretida, azúcar mascabado, harina integral y vainilla, bien revueltos

Preparación

Mezcle muy bien y rellene la base para pay. Encima de la manzana distribuya la mezcla para sazonar. Hornee a 175 °C, 45 minutos.

Calabaza

Ingredientes

- 1 base para pay horneada 10 minutos
- 2 tazas de puré de calabaza de castilla
- $^2/_3$ de taza de cada uno: crema espesa y leche
- 1 $^1/_2$ tazas de azúcar mascabado
- 3 huevos
- 3 cucharaditas de jugo de manzana
- $^1/_2$ cucharadita de cada uno: jengibre en polvo, canela en polvo y nuez moscada
- $^1/_4$ de cucharadita de clavo en polvo

Preparación

Mezcle muy bien todos los ingredientes y vierta sobre la base para pay.

Hornee a 175 °C, 45 minutos.

Limón

Ingredientes

- 1 base para pay horneada 10 minutos
- 2 latas de leche condensada
- $^1/_2$ taza de jugo de limón
- 2 cucharadas de ralladura de cáscara de limón
- 4 yemas de huevo
- 4 claras de huevo batidas a punto de turrón
- $^1/_4$ de cucharada de crémor tártaro
- 6 cucharadas de azúcar

Preparación

Licue las yemas, la leche, el jugo de limón y la ralladura de limón, vierta sobre la base para pay y hornee a 175 °C, 20 minutos. Bata las claras con el crémor tártaro y el azúcar a punto de merengue, vierta sobre la crema del pay y adorne con un tenedor en forma de pirámide. Meta al horno sólo para que se dore el merengue.

Panes

Pan integral de hierbas

Ingredientes

- 4 tazas de harina integral
- 1 paquete de levadura seca activa (de panadería)
- $^1/_2$ taza de agua tibia, casi caliente
- 3 cucharadas de azúcar mascabado
- 1 $^1/_2$ cucharadas de hierbas mixtas
- 1 cucharada de sal
- 100 g de mantequilla
  Leche, la necesaria
  ajonjolí y eneldo, al gusto

Preparación

Disuelva la levadura en el agua tibia, agregue una cucharada de azúcar, una taza de harina y un chorro de leche, mezcle y deje reposar de 15 a 20 minutos en un lugar tibio. Aparte, mezclar la harina con las hierbas, la mantequilla y la leche hasta formar una pasta uniforme, luego incorpore la levadura. Siga amasando hasta que la masa esté elástica. Póngala en un recipiente engrasado, cúbrala con un trapo y déjela reposar hasta que doble su volumen. Póngala en un molde para panqué engrasado, espolvoree encima el ajonjolí y el eneldo. Hornee a 180 °C, 45 minutos. Puede agregar más azúcar o sal según su gusto, o quitar las hierbas. El pan de centeno se hace siguiendo el mismo procedimiento, sólo sustituya la harina de trigo por harina de centeno.

Pan de romero

Ingredientes

5 tazas de harina
1 ½ cucharadas de levadura
2 tazas de agua tibia
2 cucharadas de romero
1 cucharada de azúcar
1 cucharadita de sal

Preparación

Mezcle la levadura con una taza de harina y el agua tibia; déjela reposar. Después incorpore todos los ingredientes, ya que la masa esté uniforme déjela reposar por 1 ½ horas; transcurrido el tiempo, haga las hogazas y déjelas reposar otra 1 ½ hora. Hágale cortes diagonales y hornéelas a 180 ° C, 45 minutos.

Pan frío de verduras

Ingredientes

2 tazas de zanahorias, rebanadas
4 rebanadas de pan integral desmenuzado
1 pimiento verde, picado
1 pepino, picado
2 tazas de coliflor, picada
2 tallos de apio, picados
2 dientes de ajo machacados y picados
½ taza de leche
½ barra de mantequilla
6 huevos
¼ de cucharadita de cada uno: tomillo y nuez moscada
½ cucharadita de cada uno: orégano, jengibre en polvo y albahaca
  Sal al gusto

Preparación

Precaliente el horno a 190 ºC (375 ºF). Engrase muy bien un molde para hogaza. Remoje el pan en la leche. Aparte en una cacerola, con la mantequilla sofría las verduras con las hierbas de olor, tape la cacerola y deje cocer a fuego bajo 10 minutos. Luego, licue los huevos, las verduras y el pan hasta que tenga consistencia de puré. Vierta la mezcla en el molde y cúbralo con papel de aluminio. Hornéelo a 180 ºC, en baño María (use un molde para asar con 2.5 cm de agua), por 1 hora; a los 40 minutos de cocción retire el papel de aluminio. Ya cocido, déjelo enfriar, luego refrigérelo por 2 horas.

Pan de garbanzo

Ingredientes

2 tazas de garbanzo cocido y machacado
1 o 2 huevos batidos
½ taza de pan integral molido
¼ de taza de perejil picado finamente
1 cebolla, picada finamente
2 dientes de ajo, picados finamente
4 tallos de apio, picados finamente
2 tomates rojos, picados finamente
1 cucharada de mantequilla
6 cucharadas de puré de tomate rojo
2 cucharaditas de tomillo
  Sal al gusto

Preparación

Precaliente el horno a 190 ºC (375 ºF). En la mantequilla sofría la cebolla, el ajo y el apio, luego agregue el tomate rojo y el puré de tomate. Deje cocer 5 minutos. Luego incorpore el garbanzo, los huevos, el pan, el perejil, el tomillo y la sal, deje que se sazonen los ingredientes unos minutos, vierta la mezcla en un refractario engrasado, cúbralo con papel de aluminio y hornee más o menos 1 hora. Antes de desmoldar el pan, déjelo reposar, si prefiere déjelo en el refractario. Puede servirlo con salsa de tomate rojo.

Pan de naranja

Ingredientes

150 g de cada uno: harina integral, harina de arroz y mantequilla

200 g de azúcar mascabado

50 g de cada uno: azúcar pulverizada y pasas

2 cucharadas de polvo para hornear

Jugo de 1 naranja y la raspadura de la cáscara

4 huevos

Preparación

Bata la mantequilla hasta que esté cremosa, agregue el azúcar y siga batiendo, luego agregue los huevos, uno a uno, sin cesar de batir, por último agregue las harinas cernidas con el polvo para hornear alternando con el jugo y la ralladura de naranja, incorpore las pasas enharinadas. Vacíe en un molde engrasado y enharinado. Hornee a 180 °C, 1 hora. Deje enfriar, desmolde el pan y cuando casi esté frío espolvoréelo con el azúcar pulverizada.

Pan de huevo (francés)

Ingredientes

2 kg de harina

250 g de manteca vegetal

1 barra de mantequilla

5 o más huevos

4 sobres de levadura de panadería

1 cucharadita de sal

500 g de azúcar

$\frac{1}{4}$ de taza de agua tibia

1 a 2 copas de agua de flor de azahar

Mermelada de relleno (receta más adelante)

Preparación

Disuelva la levadura en el agua tibia (ponga una cucharadita de azúcar, si no sube, no sirve). Ponga la harina en un recipiente grande y haga una fuente y agregue todos los ingredientes. Bata bien todos los ingredientes, excepto la mermelada dentro de la fuente hasta que se disuelva el azúcar. Amase bien. Hornee en dos moldes iguales, a 180 °C, 1 hora. Deje enfriar, mientras prepare la mermelada, desmolde los panes, unte la mantequilla y junte los dos panes.

Mermelada. Plátanos (blanco y ratán), papaya, piña molida (opcional: guanábana o zapote Domingo) y con 4 piloncillos. Deje hervir a fuego bajo hasta que se vea la cacerola.

Pan de nuez

Ingredientes

1 taza de cada uno: harina de arroz, harina de trigo integral, azúcar mascabado y leche

2 barras de mantequilla derretida

4 huevos

2 cucharaditas de polvo para hornear

100 g de nuez, picada

Preparación

Licue los huevos, el azúcar, la mantequilla y la leche. Cierna las harinas y el polvo para hornear. Incorpore los ingredientes licuados a las harinas, mezcle y agregue la nuez. Hornee a 180 °C (350 °F), 20 minutos más o menos, revise el pan antes de sacarlo del horno.

Panqué de almendra

Ingredientes

1 taza de mantequilla
2 tazas de cada uno: azúcar y harina
$^1/_4$ de taza de pasta de almendra
4 huevos
1 yema
1 $^1/_2$ cucharadas de polvo para hornear
1 cucharadita de bicarbonato
Ralladura de la cáscara de 1 limón o naranja
$^1/_2$ cucharadita de cada uno: extracto de almendra y extracto de vainilla
Almíbar (opcional)

Almíbar

$^1/_4$ de taza de agua
1 taza de azúcar
Ralladura de la cáscara de 1 naranja

Preparación

Cierna la harina, el polvo para hornear y el bicarbonato. Acreme la mantequilla con el azúcar, agregue los huevos uno a uno y la yema, siga batiendo e incorpore el resto de los ingredientes. Hornee a 180 °C (350 °F), 1 hora. Cuando saque el panqué del horno rocíelo con el almíbar. Si lo hace en un molde para pastel cúbralo con crema batida o betún.

Almíbar. Ponga en la lumbre el agua, el azúcar y la ralladura de naranja, hasta que quede el almíbar. Reste la taza de azúcar del almíbar a la receta del panqué. Adorne con azúcar pulverizada y la ralladura de naranja.

Pan de tres harinas

Ingredientes

1 taza de harina de trigo integral
$^1/_2$ taza de cada uno: harina de soya y germen de trigo
2 cucharaditas de polvo para hornear
8 huevos
1 taza de cada uno: aceite y miel de maple
Pasas, nueces, piña y ralladura de cáscara de naranja al gusto

Miel

1 taza de miel de maple
Jugo de 6 naranjas

Preparación

Cierna las harinas, el germen de trigo y el polvo para hornear. Licue los huevos, el aceite y la miel de maple. Ponga la mezcla de harina en un recipiente grande y vaya incorporando batiendo los ingredientes. Agregue las pasas, las nueces, la piña y la ralladura de cáscara de naranja. Engrase y enharine un molde, vierta la pasta y hornee a 180 °C (350 °F), 45 minutos. Cuando saque el pan del horno, píquelo y báñelo con la miel.

Miel. Ponga a hervir los ingredientes hasta que forme punto suelto.

Panqué de plátano con nuez

Ingredientes

2 tazas de cada uno: harina y puré de plátano
1 cucharadita de polvo para hornear
$^1/_2$ cucharadita de cada uno: bicarbonato y sal
$^1/_2$ taza de cada uno: mantequilla, leche o yoghurt, nuez picada y dátil picado
$^3/_4$ de taza de azúcar
4 huevos

Preparación

Precaliente el horno a 175 °C (350 °F). Cierna los ingredientes secos. Bata la mantequilla con el azúcar hasta cremarlos. Agregue los huevos uno a uno sin dejar de batir. Agregue el puré de plátano y los ingredientes secos, alternando con la leche, por último agregue las frutas. Revuelva bien. Engrase y enharine un molde para panqué y vierta la pasta. Hornee una hora. Si prefiere puede batir las yemas con la mantequilla y el azúcar, y al final agregar las claras batidas a punto de turrón.

Torta de elote

Ingredientes

6	elotes desgranados en crudo
6	huevos, separados
1	taza de azúcar
$^1/_2$	taza de harina (opcional)
$^1/_2$	cucharadita de bicarbonato
1	pizca de sal
1	raja de canela
$^1/_2$	queso crema
1	barra de mantequilla derretida

Preparación

Cierna la harina, el bicarbonato y la sal. Licue los granos de elote, las yemas de huevo, el azúcar, la canela, el queso y la mantequilla. Ponga la mezcla de harina en un recipiente y vaya incorporando la mezcla licuada. Al final agregue con movimientos envolventes las claras batidas a punto de turrón. Engrase y enharine un molde y vierta la pasta. Hornee a 180 °C (350 °F), 30 minutos.

Pan de elote

Ingredientes

4	elotes desgranados en crudo
4	huevos
1 $^1/_2$	barras de mantequilla derretida
1	cucharadita de polvo para hornear
$^1/_2$	cucharadita de bicarbonato
230	g de cada uno: harina y azúcar

Preparación

Licue todos los ingredientes y hornee a 180 °C (350 °F), 1 hora más o menos, revise el pan antes de sacarlo del horno.

Pan de zanahoria

Ingredientes

500	g de zanahoria cocida ya fría
$^3/_4$	de taza de cada uno: harina de arroz y azúcar
100	g de mantequilla derretida
3	huevos
2 $^1/_2$	cucharaditas de polvo para hornear
	Pasas enharinadas, al gusto

Preparación

Licue los huevos, el azúcar, la mantequilla y la zanahoria. Revuelva la mezcla licuada con los demás ingredientes. Hornee a 180 °C (350 °F).

Panquecitos de maíz

Preparación

Precaliente el horno a 205 °C. Cierna bien los ingredientes secos. Licue los huevos, la leche, la miel y la mantequilla. Ponga los ingredientes secos en un recipiente grande y mezcle los ingredientes licuados, agregue las pasas. Engrase y enharine un molde para panqués y rellénelo a cucharadas con la pasta. Hornee 15 minutos.

Ingredientes

1 $^1/_2$	tazas de harina integral de trigo
1	taza de harina de maíz molido
1	cucharadita de sal
3 $^1/_2$	cucharaditas de polvo para hornear
4	cucharadas de miel
3	huevos
1 $^1/_4$	de tazas de leche
$^3/_4$	de taza de pasas
$^1/_2$	taza de mantequilla derretida o aceite

Panquecitos de salvado

Ingredientes

1 ½ tazas de hojuelas de salvado
2 ½ tazas de harina integral de trigo
¼ de cucharadita de sal
1 ½ cucharaditas de bicarbonato de sodio
1 cucharadita de canela en polvo
1 ¼ de tazas de crema agria
1 taza de yoghurt natural o jocoque
1 huevo
½ taza de azúcar mascabado
2 ½ cucharadas de mantequilla derretida
½ taza de puré de manzana
1 taza de cada uno: pasas y nuez picada

Miel
½ taza de cada uno: mantequilla derretida y miel

Preparación

Mezcle la miel con la mantequilla y vierta una y media cucharadas en el fondo de los moldes para panqué chicos.

Cierna los ingredientes secos. Mezcle bien la crema, el yoghurt, los huevos, el azúcar, la mantequilla y el puré. Ponga los ingredientes secos en un recipiente y agregue los líquidos, mezcle y junto con las pasas y las nueces, revuelva bien. Rellene los moldes y hornee a 180 ºC (375 ºF) 25 minutos.

Escalofi nevado

Ingredientes

1 taza de harina
3 cucharaditas de polvo para hornear
1 taza de azúcar
6 yemas de huevo
6 claras batidas a punto de turrón
Pan molido, el necesario
Crema (receta más adelante)

Preparación

Bata las yemas con el azúcar hasta que esponjen. Agregue la harina cernida con el polvo para hornear y las claras, con movimiento envolvente. Engrase un molde, espolvoréelo con el pan molido y vierta la mezcla. Hornee a 175 ºC (350 ºF), 25 minutos. Mientras prepare la crema. Desmolde el pan, póngalo en un platón y báñelo con la crema. Si gusta después puede cubrir el pastel con betún.

Galletas

Galletas de queso panela

Ingredientes

1 kg de harina
1 cucharadita de bicarbonato de sodio
200 g de manteca vegetal o mantequilla
2 huevos
500 g de piloncillo
1 taza de agua

Preparación

Hierva el agua con el piloncillo hasta que se disuelva. Cierna la harina con el bicarbonato de sodio, ponga en un recipiente grande, haga una fuente y ponga todos los ingredientes. Revuelva hasta incorporar la masa, luego extiéndala con rodillo hasta que quede gruesa, corte las galletas con un vaso. Engrase y enharine una charola, acomode las galletas y hornéelas a 180 ºC, hasta que doren.

Galletas integrales

Ingredientes

- 3 tazas de harina integral
- $\frac{1}{2}$ taza de harina de trigo o de soya
- 1 taza de cada uno: avena o germen de trigo, azúcar mascabado, aceite (sin llenar) y leche cortada con limón
- 4 cucharadas de polvo para hornear
- 1 cucharada de algarrobo en polvo
- 1 pizca de sal

Preparación

Mezcle bien todos los ingredientes. Extienda la masa y córtela con un vaso.

Engrase y enharine una charola, acomode las galletas y hornéelas a 180 °C (350 °F), 25 minutos.

Galletas de salvado

Ingredientes

- 2 tazas de salvado
- 1 $\frac{1}{2}$ tazas de harina integral
- 1 taza de cada uno: azúcar mascabado y jugo de naranja
- 150 g de mantequilla
- 1 cucharada de polvo para hornear
- $\frac{1}{2}$ cucharada de sal

  Ralladura de la cáscara de 2 naranjas

Preparación

Mezcle bien todos los ingredientes. Extienda la masa y corte las galletas. Engrase y enharine una charola, acomode las galletas y hornéelas a 180 °C, por 25 minutos.

Galletas finas (fórmula básica)

Ingredientes

- 1 taza de mantequilla
- 1 $\frac{1}{2}$ tazas de harina
- $\frac{1}{3}$ de taza de azúcar pulverizada
- 2 yemas de huevo

  Naranja, queso, nuez, vainilla o el ingrediente que seleccione para darle sabor

Preparación

Mezcle bien todos los ingredientes. Extienda la masa y corte las galletas con diferentes formas. Engrase y enharine una charola y acomode las galletas. Hornee a 150 °C (300 °F), de 10 a 15 minutos.

Galletas de nuez

Ingredientes

- 1 kg de mantequilla
- 2 $\frac{1}{2}$ tazas de azúcar mascabado
- 4 tazas de nuez, picada
- 9 tazas de harina (la mitad de harina integral)
- 1 cucharada de extracto de vainilla

Preparación

Bata la mantequilla con el azúcar, agregue la vainilla, la harina y la nuez, mezcle bien. Con la mezcla haga bolas chicas. Engrase y enharine una charola, acomode las galletas y hornee a 60 °C (120 °F).

Galletas de avena

Ingredientes

- 2 tazas de cada uno: avena, harina y azúcar mascabado
- 1 cucharadita de cada uno: polvo para hornear y bicarbonato
- 1 pizca de sal
- 1 taza de mantequilla
- 2 huevos
- ½ cucharada de extracto de nuez

  Nuez picada, al gusto

Preparación

Mezcle bien todos los ingredientes. Engrase y enharine una charola. Vierta cucharadas de la mezcla y hornee a 180 °C, 20 minutos.

Galletas de ajonjolí

Ingredientes

- 1 taza de cada uno: harina integral de trigo y ajonjolí, ligeramente tostado
- ¼ de taza de cada uno: germen de trigo y miel
- 1 cucharadita de polvo para hornear
- ½ taza de aceite de ajonjolí
- 200 g de chabacano seco, remojado y bien picado
- 2 huevos

Preparación

Cierna los ingredientes secos. Licue los huevos, el aceite y la miel. Revuelva los ingredientes y agregue el chabacano. Engrase y enharine una charola, ahí vierta cucharadas de la pasta. Hornee a 165 °C (325 °F), por 15 minutos.

Hot cakes de avellana

Ingredientes

- 1 ⅓ de tazas de cada uno: harina, leche y yoghurt o suero de leche
- ⅓ de taza de avellana tostada y molida
- 2 cucharaditas de polvo para hornear
- ½ cucharadita de cada uno: bicarbonato de sodio y extracto de vainilla
- ¼ de taza de puré de manzana
- 1 manzana, picada finamente
- 1 huevo

Preparación

Mezcle bien todos los ingredientes. En una sartén engrasada vierta un cucharón de la mezcla, déle vuelta una vez, cuando la superficie esté llena de burbujas. Sirva con compota de manzana y bañe con miel.

Hot cakes integrales

Ingredientes

- 2 tazas de harina integral de trigo
- 2 cucharaditas de polvo para hornear
- ½ cucharadita de bicarbonato de sodio
- 1 cucharadita de sal
- ¼ de taza de aceite de oliva
- 1 taza de leche
- 2 huevos batidos
- 2 cucharadas de miel

Preparación

Cierna los ingredientes secos. Licue la leche con los huevos, la miel y el aceite. Incorpore la mezcla de harina con la de leche sin batir. En una sartén engrasada y bien caliente vierta un cucharón de la mezcla, voltee una sola vez, cuando la superficie se cubra de burbujas. Sírvalos con mantequilla y miel de maple, con fresas o duraznos rebanados y crema. Puede agregar granola a la mezcla para que sean más nutritivos.

Hot cakes de manzana

Ingredientes

3 tazas de harina integral
2 cucharaditas de polvo para hornear
$^1/_2$ cucharadita de cada uno: bicarbonato de sodio y sal
1 taza de cada uno: manzana seca, picada y yoghurt
$1\,^1/_2$ tazas de leche
3 huevos
3 cucharadas de mantequilla derretida
2 cucharadas de miel

Preparación

Cierna los ingredientes secos. Licue ligeramente la leche, los huevos, el yoghurt, la mantequilla y la miel. Mezcle todos los ingredientes incluyendo la manzana, pero sin batir. En una sartén engrasada vierta un cucharón de la mezcla. Déle vuelta una sola vez, cuando la superficie se cubra de burbujas. Sirva con mantequilla y miel.

Hot cakes de arroz

Ingredientes

$^1/_2$ taza de cada uno: harina integral de trigo y arroz integral cocido
1 cucharadita de polvo para hornear
1 taza de leche
1 cucharada de melaza o miel de piloncillo
1 huevo batido

Preparación

Ponga a hervir a fuego bajo la leche, la melaza y el arroz. Cueza 4 minutos y deje enfriar. Cierna la harina con el polvo para hornear. Mezcle todos los ingredientes. Cueza los hot cakes como acostumbre y sírvalos con la fruta de su agrado o con mantequilla y miel. Si prefiere licue ligeramente la leche y el arroz.

Variación. En lugar de arroz, utilice harina de soya.

Hot cakes de lenteja y arroz

Ingredientes

$^1/_2$ taza de cada uno: lenteja (si es germinada, mejor) y arroz integral
1 cucharadita de polvo para hornear
1 cucharada de melaza o miel de piloncillo
3 cucharadas de aceite de oliva
$^1/_4$ de cucharadita de sal
1 huevo (opcional)
$^1/_4$ de taza de agua o leche

Preparación

La noche anterior ponga a remojar la lenteja y el arroz por separado. Licue muy bien la lenteja y el arroz con el agua hasta que quede como atole ligeramente espeso. Agregue el resto de los ingredientes. Deje reposar tres horas en el refrigerador.

Son ideales para personas que no consumen huevo. Si quiere hacer crepas para rellenar con algún guisado, sólo agregue un poco de harina de trigo y más agua hasta obtener un atole más flojo. Cuele y deje reposar 3 horas.

Dulces

Betún

Ingredientes

1 queso crema grande y uno chico
1 barra de margarina o de mantequilla
170 g de azúcar pulverizada
1 cucharada de vainilla

Preparación

Revuelva bien todos los ingredientes. Cubra el pastel cuando aún esté caliente.

Budín de pan

Ingredientes

4 piezas de pan duro o pan de huevo frío
1 taza de frutas cubiertas: higo, acitrón, naranja, calabaza
Pasas al gusto
2 tazas de leche
5 cucharadas de azúcar mascabado
2 huevos
2 ½ cucharadas de fécula de maíz
Vainilla al gusto

Preparación

Licue la leche, el azúcar, los huevos, la fécula de maíz y la vainilla. Engrase un molde, ponga una capa de pan rebanado y bañe el pan con la mezcla de leche, luego una capa de frutas y así sucesivamente hasta utilizar todos los ingredientes, termine con la mezcla de leche. Puede adornar con almendra picada. Hornee a 180 °C hasta que esté seco. Si quiere que quede como flan sustituya una taza de leche por una lata de leche condensada.

Budín o panqué de higo

Ingredientes

500 g de higo maduro
50 g de mantequilla
1 taza de cada uno: harina, azúcar y leche
½ taza de nuez, picada grueso
1 cucharadita de extracto de vainilla
2 cucharaditas de polvo para hornear
½ cucharadita de bicarbonato de sodio
1 huevo

Preparación

Bata la mantequilla, el azúcar y el huevo, luego agregue la leche y siga batiendo, incorpore la harina cernida, el polvo para hornear, la vainilla y los higos sin cáscara, ligeramente molidos. Mezcle todo perfectamente y vierta en un molde forrado con papel encerado. Hornee a 180 °C, 1 hora. Deje enfriar antes de sacar del molde.

Budín o pan de camote

Ingredientes

2 tazas de camote cocido y machacado como puré
1 taza de cada uno: harina integral y harina de arroz
2 cucharaditas de polvo para hornear
½ cucharadita de cada uno: canela en polvo, jengibre en polvo y nuez moscada
½ taza de cada uno: azúcar y mantequilla o margarina derretida
⅓ de taza de leche
¾ de taza de pasas, picadas
1 huevo
2 cucharadas de aceite vegetal

Preparación

Cierna los ingredientes secos y agregue las pasas. Licue la leche, el huevo, el aceite, la mantequilla, el azúcar y el camote. Mezcle bien las harinas con la ya licuada. Vierta en un molde engrasado y enharinado. Hornee a 180 °C (350 °F), una hora. Deje enfriar antes de desmoldar.

Musli (suizo)

Ingredientes

4 tazas de avena cruda
½ taza de cada uno: germen de trigo, pasas y orejones cortados en trozos
½ taza de nueces, avellanas picadas o piñones

Preparación

Mezcle todos los ingredientes. Sirva con leche caliente, fría o yoghurt, endulce al gusto. Si desea agregue fruta fresca en el momento de servir. Es un platillo perfecto para desayunar.

Granola clásica

Ingredientes

1 ½ tazas de hojuelas de trigo
 ½ taza de cada uno: hojuelas de avena, salvado, germen de trigo, nuez picada, coco rallado y pepita de calabaza (pelada)
 ¾ de taza de miel
 ½ taza de aceite prensado en frío
 1 cucharada de extracto de vainilla
   Levadura de cerveza en polvo al gusto

Preparación

Mezcle todos los ingredientes secos y agregue la levadura de cerveza. Aparte en una olla mezcle la miel, el aceite prensado y la vainilla, ponga al fuego hasta que se adelgace. Vierta sobre la granola y muévala para bañarla bien. Ponga en una charola grande para hornear y extienda la mezcla. Hornee a 120 °C durante una hora y media, mueva cada 10 minutos para que la mezcla se dore pareja. Cuando esté quebradiza y crujiente, sáquela del horno y déjela enfriar. Ya que esté fría incorpore una taza de pasas.

De preferencia consérvela en el refrigerador.

Granola de almendra

Ingredientes

1 taza de almendra pelada y cortada en trozos grandes
2 tazas de avena
8 cucharadas de miel de abeja
2 cucharadas de aceite vegetal
1 cucharadita de vainilla

Preparación

Mezcle la avena con la almendra. Aparte mezcle la vainilla, la miel y el aceite, júntelas y revuélvalas bien. Engrase un refractario, vierta la mezcla y extiéndala. Hornee a 180 °C, de 20 a 25 minutos, mueva ocasionalmente para que no se queme. Deje enfriar. Guárdela en frascos que cierren herméticamente, puede conservarla un mes en perfectas condiciones. Sirva con leche o yoghurt y fruta fresca o seca.

Grumos de mantequilla

Ingredientes

100 g de harina
 75 g de cada uno: azúcar y mantequilla
  1 cucharadita de vainilla

Preparación

Mezcle los ingredientes con dos cuchillos.

Postre de durazno

Ingredientes

²/₃ de taza de azúcar pulverizada
100 g de harina
1 cucharadita de cada uno: polvo para hornear, extracto de vainilla y crémor tártaro
¹/₄ de cucharadita de sal
10 claras de huevo
Papel encerado, del tamaño del molde
Crema

Crema

1 lata de leche condensada
1 taza de agua
1 cucharadita de vainilla
6 yemas de huevo
1 lata de duraznos cortados en rajas

Preparación

Cierna los ingredientes secos tres veces. Bata las claras a punto de turrón con el crémor tártaro. A la harina agregue la vainilla y las claras con movimientos envolventes suaves. Engrase un molde, ponga el papel encerado y vierta la pasta. Hornee a 165 °C (325 °F), 25 minutos. Deje reposar tapado. Prepare la crema. Bañe el pastel con la mitad de la crema, adórnelo con los duraznos y vierta encima el resto de la crema.

Crema. Licue los ingredientes excepto los duraznos. Ponga a fuego directo, sin dejar de mover, hasta que espese, no debe hervir porque se corta.

Dulce de dátil y nuez

Ingredientes

300 g de dátiles
500 g de azúcar morena
150 g de nuez
¹/₄ de taza de leche

Preparación

Hierva la leche con el azúcar a punto de bola floja (espeso). Agregue los dátiles picados, mueva hasta que se deshagan. Retire del fuego y agregue la nuez picada. Deje enfriar. Vierta en una servilleta húmeda y haga un rollo. Cubra el rollo con nueces enteras y azúcar.

Manzanas enteras

Ingredientes

10 manzanas grandes peladas, sin corazón
1 taza de yoghurt
190 g de queso cottage
2 tazas de azúcar mascabado
3 tazas de agua
50 g de cada uno: dátiles picados, ciruelas pasas sin hueso picadas y nuez picada
1 cucharadita de extracto de vainilla
2 cucharaditas de azúcar mascabado
10 nueces, en mitades

Preparación

Ponga a hervir dos tazas de agua con las dos de azúcar hasta obtener miel. En una cacerola ponga las manzanas con la miel a fuego bajo, bañe constantemente hasta que estén transparentes. Aparte ponga a hervir, dos minutos, la tercera taza de agua con las dos cucharadas de azúcar, los dátiles y las ciruelas pasas. Deje enfriar y agregue las nueces y la vainilla. Rellene las manzanas. Sírvalas con el yoghurt y el queso cottage. Si prefiere deje las manzanas con cáscara.

Tapioca con piña

Ingredientes

$^1/_4$ de taza de tapioca

1 $^1/_2$ tazas de leche

  Azúcar mascabado al gusto

  Piña cortada en trozos

1 pizca de sal

2 huevos separados (opcional)

1 raja de canela

Preparación

  Remoje la tapioca desde la noche anterior. Cueza la tapioca con la leche, la raja de canela y el azúcar, mueva sin cesar pues se pega con facilidad. Cuando esté a medio cocer agregue los trozos de piña, sin dejar de mover. Si gusta agregue las yemas de huevo casi al final y cuando se enfríe agregue las claras a punto de turrón con movimientos envolventes. Refrigere.

Postre de limón (frío)

Ingredientes

380 g de cada uno: queso cottage y crema dulce batida

1 taza de cada uno: piña y nuez picada

1 gelatina de limón amarillo

Preparación

  Haga la gelatina, mezcle el resto de los ingredientes y a medio cuajar incorpore todos los ingredientes. Refrigere.

Souffle de manzana

Ingredientes

1 kg de manzana, cortada en rodajas

400 g de azúcar mascabado

4 huevos

2 claras de huevo batidas a punto de turrón

50 g de mantequilla

1 cucharadita de extracto de vainilla

$^1/_2$ cucharadita de canela en polvo

  Crema dulce o yoghurt natural al gusto

Preparación

  Cueza las manzanas, luego incorpore la mantequilla, el azúcar, la vainilla y la canela hasta que tenga consistencia de puré. Deje enfriar e incorpore muy bien las yemas, deje enfriar otro poco. Agregue las claras con movimientos envolventes suaves. Hornee 25 minutos a 165 ºC. Sirva de inmediato con crema o yoghurt.

Postre de zanahoria

Ingredientes

2 $^1/_2$ tazas de zanahoria cruda rallada

2 huevos bien batidos

2 tazas de leche

1 taza de almendra picada

1 cucharadita de azúcar mascabado

1 pizca de cada uno: sal y pimienta (opcional)

Preparación

  Mezcle bien todos los ingredientes. Engrase un refractario y vierta la mezcla. Hornee a 165 ºC, por 30 minutos.

Mousse de mango

Ingredientes

- ¼ de taza de agua fría
- 1 sobre de grenetina sin sabor
- 4 yemas de huevo
- 4 claras de huevo batidas a punto de turrón
- ⅓ de taza de azúcar
- 3 mangos hechos puré
- 3 cucharadas de jugo de lima
- 1 taza de crema dulce batida
- 1 pizca de sal

Preparación

Disuelva la grenetina en el agua, luego incorpore el jugo de lima caliente. Bata las yemas con el azúcar hasta que se esponjen (punto de cordón). Mezcle todos los ingredientes y al final incorpore las claras con movimientos envolventes. Vierta en copas y refrigere.

Postre energético

Ingredientes

- ½ taza de cada uno: semillas de girasol, higo, coco rallado sin azúcar, pasas y dátil picado

Preparación

Muela todos los ingredientes en un molino de mano o una picadora. Ponga la mezcla en un refractario y presione con las manos. Refrigere de 4 a 5 horas, voltee sobre un platón y corte en rebanadas delgadas. Sirva sólo o con una cucharada de yoghurt.

Postre de germen de trigo

Ingredientes

- ½ taza de cada uno: germen de trigo, azúcar mascabado y agua
- 4 tazas de leche
- 3 yemas de huevo
- 1 cucharadita de extracto de vainilla

Preparación

Remoje el germen de trigo en el agua. Ponga a hervir la leche e incorpore el germen, baje la flama; deje cocer 15 minutos, sin dejar de mover con cuchara de madera, para que no se pegue en el fondo. Agregue las yemas batidas en un poco de leche, el azúcar y la vainilla, revuelva muy bien. Vierta en un refractario y refrigere. Sirva frío con galletas. Es un postre antiguo.

Jalva (India)

Ingredientes

- 2 tazas de germen de trigo
- 100 g de mantequilla
- Azúcar mascabado al gusto
- Coco rallado al gusto
- Pasas al gusto
- Semilla de girasol al gusto

Preparación

Licue la semilla de girasol. Caliente la mantequilla y agregue el germen de trigo hasta que dore, agregue la semilla de girasol licuada. Sazone hasta que suba toda la grasa, agregue el azúcar, las pasas y el coco, mueva el dulce hasta que seque.

(Receta del Maestro Harish Johari, cocina hindú.)

Kheer (India)

Ingredientes

2 ½ litros de leche
½ taza de arroz
200 g de cada uno: almendra y coco molidos con leche
½ cucharada de cardamomo
1 sobre de azafrán remojado en agua
Azúcar mascabado al gusto
2 cucharadas de mantequilla

Preparación

Lave y remoje el arroz. Escurra. Fría el arroz en la mantequilla y agregue a la leche hirviendo junto con la almendra, el coco, el cardamomo y el azafrán. Cuando el arroz esté cocido agregue el azúcar mascabado.

(Receta del Maestro Harish Johari, cocina hindú. Buda comió este postre antes de su iluminación.)

Otros

Polenta (Italia)

Ingredientes

2 tazas de harina de maíz (1 taza de grano grueso y 1 de grano fino)
9 tazas de agua hirviendo
2 cucharadas de cada uno: sal y mantequilla
½ taza de queso parmesano

Preparación

Tome la harina con la mano y váyala poniendo en el agua hirviendo, mueva sin cesar. Cuézala media hora a fuego bajo. Estará lista cuando espese y se desprenda de la olla. Si queda demasiado espesa adelgácela con un poco de leche. Retire del fuego y agregue la mantequilla y el queso parmesano. Vierta sobre una tabla y déle la forma que quiera o sobre un refractario, déjela enfriar y rebane. Tradicionalmente se corta con hilo. La polenta se puede asar o freír en aceite de oliva y servir con salsa de cebolla, hongos silvestres o champiñones, ajo, sal, pimienta, albahaca y crema. Sirva con queso mozzarella y piñones.

Paratas (India)

Ingredientes

1 kg de harina integral
½ barra de mantequilla
3 ½ tazas de agua

Preparación

Ponga la harina en un recipiente hondo, haga una fuente y vaya agregando tres tazas de agua, hasta que se incorpore la masa, haga hoyos con los dedos y con el agua restante enjuáguese los dedos, deje que la masa absorba el agua. Deje reposar más de una hora. Transcurrido el tiempo amásela con un poco de agua tibia hasta que la masa quede blanda. Haga bolas chicas, tome dos y aplástelas con las manos, póngales harina en un solo lado y en el otro un poco de mantequilla, junte las tortillas por el lado de la mantequilla, cierre perfectamente las orillas, palotee para formar una tortilla y ponga a cocer en un comal; voltéelas dos veces y luego póngalas a fuego directo. Ya cocidas, únteles mantequilla por los dos lados y en la orilla.

(Receta del Maestro Harish Johari, cocina hindú.)

Puris (pan hindú)

Ingredientes

500 g de harina integral
  Agua, la necesaria
  Aceite, el necesario

Preparación

Ponga la harina en un recipiente y haga una fuente, vaya agregando poco a poco el agua hasta incorporar la masa. Amase, cuando no se le pegue en las manos, está lista, siga amasando hasta que esté dura. Haga bolas chicas, remójelas ligeramente en aceite, palotéelas en forma de tortilla y fríalas en aceite hasta que esponjen.

(Receta del Maestro Harish Johari, cocina hindú.)

Chapati o roti (India)

Ingredientes

500 g de harina
  Agua tibia, la necesaria
  Sal

Preparación

Ponga la harina en un recipiente y haga una fuente, vaya agregando poco a poco el agua y la sal hasta tener una masa suave, cúbrala con un trapo y déjela reposar. Haga tortillas y póngalas en un comal, voltéelas dos veces y luego póngalas a fuego directo, voltéelas varias veces hasta que estén cocidas. Retírelas de la lumbre y úntelas con mantequilla. Acomódelas en una canasta, poniendo una al derecho y otra al revés (cara derecha con cara izquierda).

(Receta del Maestro Harish Johari, cocina hindú.)

Bhatura (puris con levadura)

Ingredientes

  1 taza de yoghurt
  2 cucharaditas de azúcar morena
  $^{1}/_{2}$ cucharadita de levadura en polvo
150 g de harina blanca
300 g de harina integral
  2 cucharaditas de sal
  1 cucharada de ghee o mantequilla
  Agua tibia, la necesaria
  Aceite, el necesario

Preparación

La noche anterior mezcle el yoghurt, la harina blanca y la levadura, deje fermentar. Estará lista cuando tenga burbujas en la superficie. Agregue el resto de ingredientes. Amase hasta que la masa esté suave. Deje reposar, luego haga las tortillas y fríalas.

Buñuelos 1

Ingredientes

  4 tazas de harina
  2 cucharaditas de polvo para hornear
  1 pizca de bicarbonato de sodio
1 $^{1}/_{2}$ tazas de azúcar mascabado
  $^{3}/_{4}$ de taza de mantequilla derretida
  7 huevos
  Aceite, el necesario

Preparación

Cierna la harina y el polvo para hornear, ponga en un recipiente, haga una fuente y dentro ponga los huevos, la mantequilla y el azúcar, revuelva bien y vaya mezclando con la harina hasta incorporar la masa. No se amasa. Extienda la masa con un palote. Corte en cubos, en medio déles un piquete con cuchillo y fría.

Buñuelos 2

Ingredientes

- 1 kg de harina
- 3 cucharadas de polvo para hornear
- 500 g de mantequilla
- 5 huevos
- 1 taza de agua hervida con cáscara de tomate rojo, anís y ½ cucharada de sal
- Aceite, el necesario

Preparación

Mezcle bien todos los ingredientes alternando con el agua, hasta incorporar la masa. Amase y vaya azotándola en la mesa hasta que no haga burbujas. Deje reposar tres horas. Haga bolas y palotéelas como tortilla. Fría y sirva con miel de piloncillo.

Marquesote

Ingredientes

- 7 huevos
- 150 g de cada uno: azúcar y harina
- Ralladura de la cáscara de 1 limón

Preparación

Bata el azúcar con las yemas hasta que casi se vean blancas (muy cremosas), agregue la harina y la ralladura de limón, mezcle bien. Agregue con movimientos envolventes suaves las claras batidas a punto de turrón. Hornee a 150 °C (300 °F).

Empanadas

Ingredientes

- 1 taza de harina integral
- 50 g de mantequilla
- 1 cucharada de aceite
- 1 huevo
- 1 pizca de sal
- ½ taza de agua

Preparación

Mezcle todos los ingredientes. Amase y deje reposar por 2 horas. Extienda la masa y córtela en forma de círculos, rellene al gusto, doble para juntar bien las orillas y que se peguen, barnice con huevo y hornee a 150 °C, de 15 a 20 minutos.

Crepas 1 (receta básica)

Ingredientes

- 1 taza de harina
- 3 cucharadas a ¼ de taza de aceite de oliva
- 3 huevos
- ½ cucharadita de sal
- Leche, la necesaria

Preparación

En el tazón de la batidora eléctrica ponga todos los ingredientes y bátalos bien, agregue la leche necesaria hasta obtener atole flojo. Refrigere toda la noche o cinco horas antes de hacer las crepas.

En una sartén pequeña untada de mantequilla, vierta una cucharada de la pasta (sólo unte mantequilla la primera vez) y mueva la sartén rápido para que se extienda la pasta y forme una capa delgada, o extienda la pasta con una cuchara. Cueza los dos lados. Si no las va a usar en ese momento déjelas enfriar, envuélvalas con papel encerado y métalas al refrigerador, las puede conservar varios días. Si la sartén es chica, rinde 30 crepas delgadas, deben quedar flexibles. Estas crepas tienen mil usos, ya sea en platillos salados o dulces.

Crepas 2 (para guisados)

Ingredientes

- 4 huevos enteros
- $1/4$ de cucharadita de pimienta molida
- 1 pizca de nuez moscada
- 100 g de mantequilla derretida
- 2 cucharadas de aceite de oliva
- 2 $1/2$ tazas de harina
- 1 litro de leche
- Relleno (sugerencias más adelante)

Preparación

Licue los huevos, la pimienta, la nuez moscada, la mantequilla y el aceite. En un recipiente ponga la harina y la leche; agregue la mezcla licuada, debe quedar atole flojo, si es necesario agregue más leche, siga batiendo y cuele. Refrigere o deje reposar una hora. Unte con mantequilla una sartén, vierta una cucharada de pasta y mueva rápido la sartén para extender la pasta, cueza de los dos lados. Rellénelas o guárdelas. Enróllelas y acomódelas en un refractario engrasado, bañe con crema y queso rallado o alguna salsa. Hornee a 150 °C, hasta que se gratinen.

Sugerencias para el relleno. Flor de calabaza, calabazas, chile poblano, elote, tomate rojo, cebolla; de champiñones o de huitlacoche.

Blintzes

Ingredientes

Receta básica de crepas (receta en esta sección)

Relleno

- 1 queso crema
- 380 g de queso cottage
- 3 yemas de huevo
- $1/2$ taza de crema espesa
- 1 pizca de sal
- 3 cucharadas de azúcar pulverizda

Preparación

Mezcle bien todos los ingredientes. Rellene las crepas dóblelas a la mitad y luego otra vez a la mitad hasta que queden en forma de triángulos, fríalas ligeramente en mantequilla. Acomódelas en un platón y báñelas con crema dulce adelgazada y azúcar pulverizada o mermelada de zarzamora.

Huevos nevados

Ingredientes

- 1 litro de leche
- 1 taza de azúcar
- 1 cucharada de extracto de vainilla
- 5 yemas de huevo
- 5 claras de huevo batidas a punto de turrón
- Canela en polvo al gusto

Preparación

En una cacerola extendida ponga a hervir la leche con el azúcar y la vainilla, vierta cucharadas de clara hasta que se cuezan, sáquelas y póngalas en un platón. Cuando termine de cocer la clara bata las yemas hasta que espesen y agréguelas a la leche, sin dejar de mover, ni deje que hierva porque se corta. Apague, bañe las claras cocidas con la crema y espolvoree la canela en polvo.

Crema

Ingredientes
- 1 taza de cada uno: leche de vaca, leche evaporada y leche condensada
- ½ taza de crema
- 3 yemas de huevo
- 1 cucharadita de extracto de vainilla

Preparación
Licue todos los ingredientes.

Crema Bavaria

Ingredientes
- 1 taza de azúcar pulverizada
- 2 tazas de leche hirviendo
- 3 sobres de grenetina sin sabor
- ½ taza de agua fría
- 500 g de fresa (déles un hervor con azúcar)
- 8 yemas de huevo
- 2 cucharaditas de vainilla
- ½ litro de crema dulce batida
- Azúcar al gusto

Preparación
Disuelva la grenetina en el agua. Bata las yemas con el azúcar pulverizada a punto de cordón, luego agregue la leche hirviendo con la vainilla. Ponga al fuego moviendo con cuidado sin que hierva. Retire del fuego y agregue la grenetina. Deje enfriar. Cuando esté casi cuajada agregue la crema batida. Vierta en un molde de corona y refrigere. Desmolde, acomode en un platón y sirva con las fresas machacadas con azúcar.

Postre Graham

Ingredientes
- 1 paquete de galletas Graham
- ¼ de litro de cada uno: crema dulce batida y leche
- 2 cucharadas de cacao o algarrobo
- Azúcar mascabado al gusto
- Nuez (para adornar)

Preparación
Disuelva el azúcar en la leche. Mezcle la crema con el cacao y el azúcar. En un refractario ponga una capa de galletas remojadas en la leche, una capa de crema, continúe formando capas, termine con una capa de crema. Adorne con las nueces y refrigere.

Tortitas de plátano

Ingredientes
- 4 plátanos machos, cocidos y machacados
- 1 huevo batido con 1 pizca de sal y 1 pizca de pimienta
- ⅓ de taza de harina integral
- 1 cucharadita de polvo para hornear
- 2 cucharadas de leche
- Aceite, el necesario para freír

Preparación
Mezcle todos los ingredientes hasta que quede una masa suave. Caliente el aceite y deje caer cucharadas de la masa. Dore ambos lados. Escurra sobre toallas de papel para que absorban el exceso de grasa. Sirva las tortitas calientes con miel.

Croquetas de elote

Ingredientes

- 3 tazas de granos de elote
- 1/2 taza de cada uno: leche o agua tibia y azúcar mascabado
- 1 o 2 huevos
- 1 cucharada de polvo para hornear
- 1/4 de cucharadita de bicarbonato de sodio
- Aceite, el necesario
- Jocoque al gusto

Preparación

Licue todos los ingredientes hasta formar una pasta. En una sartén caliente aceite, ponga cucharadas de pasta y fría por ambos lados. Ponga sobre toallas de papel para que absorban el exceso de grasa. Sirva con yoghurt, jocoque, requesón o puré de papaya.

Variación. Si quiere las tortitas saladas, sustituya el azúcar por sal y agregue cebolla, perejil, zanahoria rallada. Siga el mismo procedimiento.

Jugos terapéuticos de frutas y verduras

A las frutas y a los vegetales crudos y frescos pasados por un extractor, se les extraen las vitaminas, los minerales y otros elementos vitales como las enzimas. Son altamente alcalinos y del estómago se asimilan directo al torrente sanguíneo.

Los siguientes jugos tienen efectos depurativos y son un valioso apoyo a su dieta, ayudan a regenerar o reconstruir los tejidos. La terapia vegetal tiende a normalizar los sistemas del cuerpo y debe acompañarse de una dieta vegetal natural, sensata e individual.

En los jugos vegetales se sugiere como base el jugo de zanahoria por ser en extremo benéfico. El Dr. Norman W. Walker en su libro* dice:

"…es un hecho revelador bajo los súper-microscopios, que la molécula del jugo de zanahoria es exactamente análoga a la molécula de la sangre", "el jugo de espinaca cruda es otro alimento vital sobre todo para el aparato digestivo…".

Es recomendable consultar a un médico o terapeuta que conozca o simpatice con los métodos naturales.

Jugo núm. 1

1   vaso de jugo de zanahoria
$^{1}/_{2}$ vaso de jugo de espinaca

Es benéfico para todos los sistemas del cuerpo. Diabetes, asma, acidosis, sinusitis, anemia simple.

Jugo núm. 2

1   vaso de jugo de zanahoria
$^{1}/_{8}$ de vaso de jugo de pepino
$^{1}/_{8}$ de vaso de jugo de betabel

Es benéfico para el sistema nervioso, el hígado, los riñones, cólicos, dolores de cabeza, sinusitis, presión alta, disminuye la acidosis.

* N. W. Walker., *Fresh vegetables and fruit juices.*

Jugo núm. 3

1 vaso de jugo de zanahoria
2 ramas de apio
4 ramas de perejil
10 hojas de espinaca o lechuga

Es benéfico para el sistema nervioso, la anemia simple, la presión alta o baja, diarrea, vértigo, diabetes, dolor de cabeza, menstruación dolorosa.

Jugo núm. 4

1 vaso de jugo de zanahoria
14 hojas de lechuga
$^{1}/_{2}$ chayote
2 manzanas
1 taza de té de damiana
2 cucharadas de levadura de cerveza
1 cucharada de lecitina
1 cucharada de amaranto

Es benéfico para el sistema nervioso, insomnio.

Jugo núm. 5

Zanahoria, lechuga, ejotes, col de Bruselas

Ayuda a personas con diabetes. Tome el jugo 2 veces al día.

Jugo núm. 6

1 vaso de jugo de zanahoria
2 ramas de apio
$^{1}/_{2}$ papa cruda

Ayuda a disminuir acidez, gastritis, alergias, ácido úrico. Es benéfico para la vista.

Jugo núm. 7

Agua de coco y coco tierno

Disminuye la gastritis y ayuda a prevenir la osteoporosis (tome de 3 a 4 meses).

Jugo núm. 8

Agua de coco
Pulpa de coco
2 cucharadas de semilla de calabaza
2 cucharadas de semilla de girasol

Licue los ingredientes. Sirve para eliminar parásitos, tome en ayunas.

Jugo núm. 9

1 vaso de jugo de zanahoria
5 ramas de acelgas o espinaca
$^{1}/_{8}$ de vaso de jugo de col

Combate el estreñimiento.

Jugo núm. 10

$^{1}/_{2}$ vaso de jugo de limón
2 dientes de ajo
2 cucharadas de aceite de oliva

Licue los ingredientes. Tome antes de cada alimento. Sirve para bajar de peso.

Jugo núm. 11

2 hojas de acelga
1 manzana
1 trozo de piña
1 trozo de papaya
1 vaso de jugo de naranja
$^{1}/_{4}$ de vaso de jugo de limón

Licue los ingredientes. Sirve para bajar de peso.

Jugo núm. 12

Piña, fresa y pasas

Licue los ingredientes. Es benéfico para regenerar el sistema digestivo. Quita el cansancio. Desinflama las encías.

Jugo núm. 13

1 vaso de jugo de naranja
1 vaso de jugo de toronja
1 trozo de sábila
   Miel al gusto

Licue los ingredientes. Sirve para eliminar parásitos. Tome en ayunas.

Jugo núm. 14

Guayaba, jugo de naranja y miel

Licue los ingredientes y cuele. Es benéfico para combatir el asma. Sirve para eliminar parásitos. Tome en ayunas.

Jugo núm. 15

Limón con cáscara y semillas, licuado con agua y miel

Sirve para cortar la diarrea.

Jugo núm. 16

1 vaso de jugo de zanahoria
2 ramas de apio
5 ramas de berro
$1/4$ de pepino grande
$1/4$ de betabel

Licue los ingredientes. Es benéfico para la vesícula biliar.

Jugo núm. 17

1 vaso de jugo de zanahoria
$1/2$ vaso de jugo de piña
1 manzana
$1/4$ de betabel
5 hojas de lechuga

Licue los ingredientes. Es benéfico para la vesícula biliar.

Jugo núm. 18

1 vaso de jugo de zanahoria
$1/8$ de vaso de jugo de pepino
1 manzana
6 ciruelas pasas sin hueso

Licue los ingredientes. Es benéfico para la vesícula biliar.

Jugo núm. 19

$1/2$ vaso de agua
$1/4$ de vaso de jugo de limón
4 dientes de ajo
5 ramas de perejil
1 chile piquín
$1/4$ de cebolla morada

Licue los ingredientes. Es benéfico para el sistema circulatorio.

Jugo núm. 20

1 ℓ de agua
   Jugo de 4 limones
5 cm de jengibre
4 cucharadas de miel

Licue los ingredientes. Tome todo el día. Es benéfico para el sistema circulatorio.

Jugo núm. 21

1   vaso de jugo de zanahoria
2   ramas de apio
$\frac{1}{2}$ betabel
1   manzana

Licue los ingredientes. Ayuda a desinflamar las várices por estreñimiento.

Jugo núm. 22

$\frac{1}{2}$ vaso de jugo de limón
$\frac{1}{2}$ pepino
3   dientes de ajo
2   cucharadas de aceite de oliva

Licue los ingredientes. Ayuda a disminuir el colesterol.

Jugo núm. 23

Zanahoria, espinaca, lechuga, berro, hojas de nabo

Extraiga el jugo. Regenera la sangre. Incrementa el oxígeno en el torrente sanguíneo y disuelve tumores.

Jugo núm. 24

Zanahoria, nabo, espinacas, berro

Extraiga el jugo. Ayuda a desinflamar las hemorroides.

Jugo núm. 25

4   cucharadas de avena
$\frac{1}{2}$ nopal
1   manzana
2   vasos de jugo de naranja

Licue los ingredientes. Ayuda a bajar el colesterol y a bajar de peso.

Jugo núm. 26

$\frac{1}{2}$ taza de yoghurt
2   cucharadas de avena
1   manzana

Licue los ingredientes. Ayuda a bajar el colesterol.

Jugo núm. 27

1   vaso de agua
1   cucharada de melaza
    Jugo de 1 limón
    Chile piquín

Licue los ingredientes. Es benéfico para el sistema circulatorio, da descanso al corazón. Disminuye el colesterol.

Jugo núm. 28

1   vaso de jugo de zanahoria
$\frac{1}{2}$ papa cruda con cáscara
1   nabo chico o perejil
5   ramas de berro

Licue todos los ingredientes. Es benéfico para los pulmones y los riñones.

Jugo núm. 29

2   vasos de jugo de naranja
1   manzana
1   trozo de piña
1   trozo de papaya
3   hojas de acelga

Licue los ingredientes. Es benéfico cuando se tiene asma.

Jugo núm. 30

1 vaso de jugo de naranja
1 guayaba
1 trozo de papaya
1 mango

Licue los ingredientes. Ayuda a combatir la sinusitis.

Jugo núm. 31

1 vaso de jugo de zanahoria
2 ramas de apio
4 ramas de perejil
5 hojas de lechuga
$1/2$ papa cruda con cáscara

Licue los ingredientes. Es benéfico para los riñones y la acidez estomacal.

Jugo núm. 32

Piña, chaya, perejil y sábila

Licue los ingredientes. Es benéfico para los riñones.

Jugo núm. 33

1 vaso de jugo de zanahoria
$1/8$ de vaso de jugo de brócoli
2 tallos de apio

Licue los ingredientes. Fortalece el cuerpo para prevenir el cáncer uterino.

Jugo núm. 34

1 vaso de jugo de zanahoria
$1/8$ de vaso de jugo de col

Fortalece el cuerpo para prevenir el cáncer de mama.

Jugo núm. 35

1 vaso de jugo de toronja
1 xoconoxtle
1 trozo de sábila
$1/2$ nopal

Licue los ingredientes. Ayuda a contrarrestar los problemas vaginales.

Jugo núm. 36

1 vaso de jugo de zanahoria
2 manzanas
2 peras
1 rama de apio
1 cucharada de lecitina

Licue los ingredientes. Fortalece el aparato reproductor. Ayuda a disminuir la obesidad.

Jugo núm. 37

1 vaso de jugo de zanahoria
5 ramas de berro
$1/4$ de un pepino grande
$1/4$ de una remolacha

Licue los ingredientes. Es benéfico para el sistema respiratorio y circulatorio.

Jugo núm. 38

1 vaso de jugo de zanahoria
10 hojas de lechuga
$1/8$ de vaso de jugo de alfalfa o de espinaca

Licue los ingredientes. Contrarresta la pérdida de cabello y ayuda a conservar el color natural, tome durante seis meses.

Jugo núm. 39

1 vaso de jugo de zanahoria
$\frac{1}{8}$ de vaso de alcachofa
$\frac{1}{8}$ de vaso de col de Bruselas
$\frac{1}{8}$ de vaso de ejotes
10 hojas de lechuga

Mezcle los ingredientes. Es benéfico cuando se tiene una fractura.

Jugo núm. 40

$\frac{1}{2}$ ℓ de consuelda al día.

Cuando se tiene una fractura.

Jugo núm. 41

Jugo de zanahoria, perejil, apio, berros

Extraiga el jugo. Fortalece dientes y huesos.

Jugo núm. 42

1 vaso de agua caliente
Jugo de 3 limones

Tome en ayunas. Evita el mal aliento.

Jugo núm. 43

1 vaso de agua caliente
1 manzana
1 cucharada de salvado
1 cucharada de vinagre de manzana
1 cucharada de miel de abeja

Licue los ingredientes. Tome en ayunas. Evita el mal aliento.

Jugo núm. 44

1 vaso de jugo de naranja
$\frac{1}{2}$ vaso de jugo de mango
1 cucharada de polen de flores
   Miel de abeja

Mezcle los ingredientes. Fortalece la vista.

Jugo núm. 45

$\frac{1}{2}$ vaso de jugo de limón
$\frac{1}{4}$ de vaso de jugo de naranja
3 dientes de ajo
1 pedazo de cebolla morada
2 cucharadas de aceite de oliva

Licue los ingredientes. Regenera el hígado y la vesícula biliar. Es un antibiótico natural. Desintoxica el organismo.

Jugo núm. 46

5 zanahorias
1 betabel entero
3 tallos de apio
3 ramas de perejil
3 ramas de berro
3 cucharadas de germen de trigo
3 cucharadas de salvado crudo
2 ℓ de jugo de naranja
10 ciruelas pasas sin hueso

Licue al máximo. Tome el jugo sin colar 2 o 3 veces al día. Es un poderoso depurativo de los sistemas.

Jugo núm. 47

1 vaso de jugo de limón
1 vaso de jugo de naranja
5 dientes de ajo
10 ramas de perejil
½ cebolla morada
½ chayote
1 cucharada de aceite de oliva
  Germinados
  Miel

Licue al máximo. Tome 2 veces al día. Es un excelente tónico de vida.

Jugo núm. 48

1 vaso de yoghurt
6 almendras limpias
6 pasas
½ cucharada de salvado crudo
½ cucharada de germen de trigo
  Miel al gusto

Licue bien los ingredientes. Es un tónico excelente para niños y ancianos.

Jugo núm. 49

Jugo de zanahoria, apio, perejil y espinaca

Extraiga su jugo. Es una rica fuente de potasio. Reduce el exceso de acidez en el estómago. Restablece el funcionamiento normal del organismo. Es excelente para enfermos convalecientes.

Limpieza con agua de limón

2 ℓ de agua purificada
1 taza de jugo de limón recién exprimido
1 taza de miel maple pura
1 chile piquín o pimienta de Cayena por cada vaso

Prepare el agua y beba de 8 a 12 vasos diarios. La dieta puede durar sin problemas tres días. El día después de terminar la limpieza tome jugo de naranja para estimular la digestión.

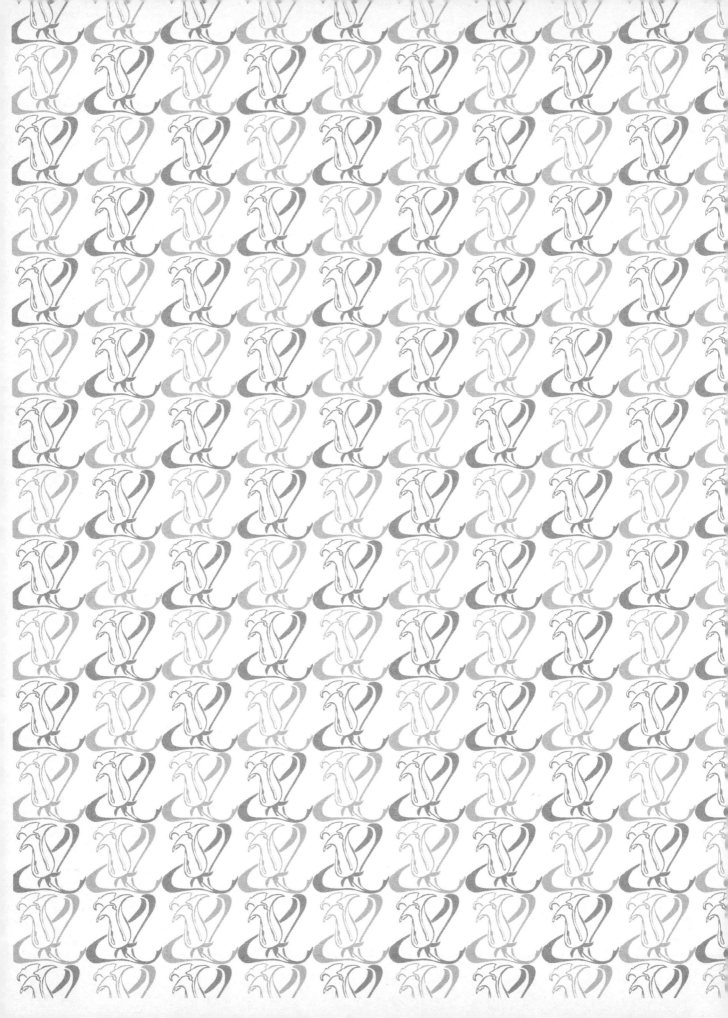

Agua

¿Bebe suficiente agua?

No beber suficiente agua puede causar daño a los riñones, acumular exceso de grasa en el cuerpo, dolores musculares y de articulaciones, tono muscular bajo, problemas digestivos, fatiga crónica e incluso retención de agua (el organismo la retiene para compensar la deficiencia).

Sabemos que el agua es indispensable para todas las formas de vida. Los expertos están de acuerdo en que necesitamos beber de 8 a10 vasos de agua al día (o más si vive en clima caluroso o hace ejercicio), para mantener una salud óptima. El agua se bebe a sorbos "se mastica" y a temperatura normal. Beber agua durante las comidas, diluye los jugos gástricos e interfiere en su acción.

El agua es el solvente base de los alimentos en la digestión y medio vital para las reacciones químicas del metabolismo. Transporta los nutrimentos y el oxígeno a las células por medio de la sangre; limpia diariamente el canal alimenticio; purifica la sangre; ayuda al cuerpo a enfriarse a través de la transpiración; lubrica las articulaciones.

Todas las funciones vitales del organismo necesitan agua para su adecuada función: el cerebro 75 %, saliva 95 %, pulmones 80 %, corazón 75 %, hígado 85 %, riñones 63 %, músculos 75 %, huesos 22 %, sangre 63 %, sudor 95 %.

Después del aire, el agua es el elemento más importante para sobrevivir, incluso los pulmones deben tener humedad al aspirar oxígeno y al exhalar bióxido de carbono, en esta última acción se pierde líquido cada día. 75 % de nuestro cuerpo es agua, sin ella nos envenenaríamos con nuestros propios desechos, causándonos la muerte.

¿Qué calidad de agua bebe?

La calidad del agua puede afectar su salud. El agua pura debe ser insabora, incolora e inodora, libre de contaminantes químicos como el cloro.

Agua destilada

Lo más recomendable es beber agua destilada libre de minerales inorgánicos (incompatibles con nuestras células). El proceso de destilación es sencillo. Se hierve el agua y el vapor se convierte en agua altamente purificada, insabora, incolora e inodora. (En el mercado hay aparatos sencillos para destilar agua). El agua destilada remueve sustancias inorgánicas, cristales, etc. Al entrar en el cuerpo recoge (como si fuera un imán) los depósitos de minerales acumulados que el organismo no asimila, evitando la obstrucción de las arterias, y los elimina.

Agua magnética

"Los gnósticos dicen que es preciso un magnetismo poderoso para curarse a sí mismo y curar a otros."

El agua viva, busca sus fuentes de energía. En condiciones normales, el agua fluye en la superficie de la tierra o debajo de ella, siempre buscando su curso natural, dice Johann Grander.

El agua purificada se puede revitalizar con imanes. "Los imanes cambian el núcleo del agua" dice Kronenberg, aparentemente ésta es la fuente de sus propiedades mágicas. El agua magnetizada incrementa la solubilidad de los minerales y por tanto mejora la transferencia de nutrimento a todo el cuerpo, haciendo que el organismo trabaje más eficientemente. Según dice el profesor Israel Lin del Instituto de Tecnología, Israel.

El agua que ha sido revitalizada a través del tratamiento magnético, se le restaura su energía natural, afirma Johann Grander.

Terapias con agua

Método naturista Kuhne y Kneipp

Los beneficios del agua se deben a su acción vigorizante y vitalizadora.

Al aplicarlo interna y externamente, activa y dirige la energía vital, estimulando las funciones básicas como son: la nerviosa, la térmica y la circulatoria, logrando así la curación.

El agua al contacto produce una reacción, dependiendo de la temperatura. Hay varios tipos de baños: vapor, pies, brazos, pitón, asiento, vital y genital. Sólo me referiré a los tres últimos que han sido los que he practicado.

Baño de asiento

Siéntese en una tina con agua fría que le llegue al ombligo. Con un paño friccione el vientre con movimientos suaves del ombligo hacia abajo, luego de derecha a izquierda y por último en círculos siguiendo la forma del arco del intestino grueso, de 1 a 5 minutos. Si desea y siente frío, cúbrase la parte del cuerpo no sumergida y meta los pies en una cubeta con agua caliente.

El baño de asiento ayuda a: desintoxicar el organismo; a descongestionar los pulmones y el cerebro; revitalizar los órganos sexuales y el vientre; relajar el sistema nervioso.

Baño vital

Se realiza 30 minutos antes de los alimentos de dos a tres veces al día en casos de enfermedades crónicas, cuando hay fiebre con más frecuencia o según sea necesario.

Siéntase en un bidet y con una franela empapada con agua, dé masaje al vientre con movimientos suaves verticales: de arriba hacia abajo, de abajo hacia arriba; horizontales: de derecha a izquierda, de izquierda a derecha; diagonales: de derecha a izquierda y de izquierda a derecha; y en círculos: a la derecha y a la izquierda. Cada movimiento se hace 10 veces al terminar la serie, vuelva a empezar. La terapia se realiza en 10 minutos.

El baño vital como su nombre lo indica proporciona vitalidad, estimula las energías nerviosas de los órganos digestivos mejorando la digestión, las evacuaciones y limpia de toxinas, estimula páncreas, hígado, vesícula biliar. Activa la circulación sanguínea, descongestiona el cerebro y los pulmones.

Baño genital

Siéntese en un bidet en seco o en un banco dentro de una tina, tome una franela bien empapada con agua fría y lávese con suavidad sólo el exterior de los genitales (no lo realice durante la menstruación). El baño se realiza en 10 minutos (o lo que le indique el médico), suspéndalo si siente frío. Media hora después del baño no tome alimento. El baño genital fortalece y revitaliza los sistemas nervioso y digestivo. Aumenta la energía vital.

Envoltura de vientre o cuello

Doble un lienzo de algodón (haga dos o tres dobleces), remójelo en agua fría, exprímalo y envuelva la zona abdominal o el cuello. Encima del lienzo húmedo ponga una manta de molletón o de lana seca, cubra bien el lienzo y sujete la manta para asegurar la reacción de calor. De preferencia utilice la envoltura toda la noche o durante el día según sea necesario.

Esta terapia ayuda a depurar la zona donde se coloca, evita congestionamientos activando la circulación, extrae el calor interno y fortalece los órganos de la zona afectada.

La envoltura en el cuello debe calentarse después de 10 minutos, si permanece fría, retírela; vuelva a aplicarla después de estimular el cuerpo y de que entre en calor.

Consulte el *Manual naturista* de Shaya Michán, si desea obtener más información sobre este tipo de terapias.

Barro

La aplicación de barro (arcilla) con fines medicinales, se debe a las sustancias magnéticas, radiactivas y químicas que posee, y que provocan reacciones térmicas, nerviosas y circulatorias en el organismo. Tiene poder desinfectante, cicatrizante, revitalizante, calmante, purificador, descongestionante, y desinflamante, por lo cual corrige problemas digestivos y de otros tipos. Se aplica sobre cualquier órgano afectado como: riñones, hígado, vientre. El barro empuja la sustancia venenosa hacia la superficie de la piel.

Modo de emplearlo: Se prepara con tierra natural de la localidad. El barro gris, rojo o negro tiene que estar limpio de suciedades, por lo que debe extraerse de lo profundo.

- Agregue al barro agua o té (de cola de caballo) la mezcla debe tener consistencia espesa o de pomada.
- Extienda el barro sobre un lienzo o periódico, debe quedar de medio a un centímetro de espesor.
- Aplique el barro sobre la parte afectada y cúbrala con un lienzo de lana o molletón grueso seco o periódico, asegúrelo para que no se caiga, para mantener la reacción de calor. El barro se aplica frío, pero el cuerpo debe reaccionar con calor y calentarlo hasta secarlo.

Si aplica barro en partes delicadas como ojos, primero coloque una tela delgada sobre la piel afectada. Si aplica barro sobre el vientre y los riñones, déjelo toda la noche hasta que seque.

131

Fitoterapia, sonoterapia y aromaterapia

Fitoterapia

Fitoterapia es la forma de curarse a través de las propiedades medicinales de las plantas. Las plantas medicinales están al alcance de la mano, en espera de ser utilizadas, sólo hay que identificarlas y conocer sus poderes para poder emplearlas con sentido común, ingenio, paciencia, acierto y sabiduría. ¡Experimente con ellas!

Los catálogos de plantas son inacabables, pero la destrucción del medio en este siglo ha sido de tal magnitud que a diario mueren especies que no supimos para qué servían.

La medicina natural con plantas es de uso prolongado y persistente, por lo que algunas personas abandonan el tratamiento en cuanto se sienten mejor sin haber llegado a la cura definitiva. En los tratamientos naturales, se presenta la "etapa de crisis curativa" (se acelera el metabolismo por lo que se recomienda hacer ejercicio y cepillar el cuerpo), que sólo dura unos días. Cuando el organismo está saturado de sustancias dañinas y se empieza el tratamiento, la enfermedad o el padecimiento parecen empeorar, es cuando las personas se asustan y suspenden las indicaciones del médico. La crisis indica que el organismo ha empezado a reaccionar expulsando las toxinas acumuladas.

Las hierbas además de ser excelentes remedios naturales sabiéndolas utilizar, dan sabor específico a los platillos. Es agradable ver en la cocina los frascos de vidrio con la hierbabuena, el tomillo, la mejorana, la manzanilla, el romero, el clavo… es una vista acogedora donde la humilde hierba tiene un lugar destacado.

Breve historia de la herbolaria

La historia se remonta a 5000 años antes del primer tratado chino llamado Pen Ts'ao, que se atribuye al emperador Shen Nung, quien identificó más de 300 hierbas así como sus propiedades nutritivas. Su sucesor Huang Ti, modificó el texto original y agregó la descripción de la relación entre los cinco elementos: metal, fuego, agua, tierra y madera; del yin y el yang con los órganos del cuerpo.

En el Papiro de Egers (siguiente tratado conocido), los egipcios destacan hierbas como: ajo, regaliz (licorice), cilantro (coriander) y menta. Las culturas romana, griega y arábiga, incorporaron posteriormente este conocimiento. Hipócrates escribió sobre las hierbas y su uso adecuado acompañadas de una dieta apropiada y ejercicio al aire libre. El griego Discórides (Siglo I a. C.), recopiló en un texto las propiedades de las hierbas, texto que se difundió y sirvió en Europa en la época del oscurantismo. El médico y químico suizo Paraselso, en la época del Renacimiento (siglo XV), dio un nuevo impulso a la medicina herbolaria. El inglés John Gerard, publicó en varios idiomas, 1597, su tratado sobre hierbas con 2000 plantas, su nombre científico y común, la descripción de cada una y sus virtudes.

En occidente (Sur, Centro y Norteamérica), los Mayas, los Incas, los Toltecas, los Chichimecas, los Olmecas, los Aztecas, etc., tuvieron conocimiento de cientos de hierbas procedentes de todo el continente, de sus beneficios y usos, y nos regalaron su tradición a través del *Códice Badiano* (Museo de Antropología en México), que probablemente es el tratado de herbolaria más bello del mundo. La herbolaria en América, se mezcla con los conocimientos de la medicina indígena y con los de hierbas venidas de Europa.*

En la actualidad, millones de personas nos hemos dado cuenta de que cada hierba que nos obsequia la Madre Tierra, ha sido creada con el propósito de servir a todos los seres vivos y que cada una tiene correspondencia con algún órgano específico de nuestro cuerpo.

Las hierbas y su función

Las hierbas ayudan al organismo en los procesos de eliminación y limpieza, dan fuerza, estimulan al cuerpo en su lucha por sobrevivir tonificando y regulando las glándulas para que recuperen sus funciones normales; estimulan al sistema inmunológico, nutren y elevan la energía, pero la fuerza vital es la que nos debe mantener sanos por medio de la alimentación nutritiva, sana y tranquilidad espiritual.

Las hierbas no tienen efectos secundarios nocivos cuando se utilizan con conocimiento, sentido común, prudencia y sabiduría. Las hierbas tienen algunas funciones específicas en el cuerpo. Son: antisépticas, diuréticas, laxantes, hormonales, antibacteriales, antiestamínicas, antiespasmódicas, cardiacas, relajantes, digestivas, nervinas, astringentes.

Las hierbas tónicas ayudan a todo el organismo y son de sabor suave, se pueden utilizar con libertad. Las hierbas de sabor amargo, por lo general son las medicinales.

Las hierbas ayudan en el proceso de limpieza y eliminación del organismo. Son nutritivas, están provistas de altos contenidos de minerales, vitaminas, enzimas, gomas, fibras, pectinas y otros nutrimentos. La sustancia vital de las plantas es la clorofila que ayuda a la oxigenación, al buen funcionamiento del metabolismo y produce hemoglobina. Las plantas regulan las glándulas y las funciones de los sistemas del organismo. Aumentan los niveles de energía, estimulan al sistema inmunológico y ayudan a crear bacterias benéficas en el organismo.

Hay dos enfoques hacia la terapia herbolaria: una es la aplicación europea y occidental, que usa hierbas específicas para combatir problemas específicos, y la otra es la china que usa las hierbas en complejas combinaciones para crear remedios balanceados. Según la medicina tradicional china, las mezclas se utilizan para restaurar el desequilibrio de las energías opuestas, el Ying y el Yang en los principales sistemas del organismo.

*FUENTE: David Shousen, revista *Horizontes*, Nature´s Sunshine.

Uso de las hierbas

Cómo deshidratar plantas frescas. Las plantas curativas se sacan de la tierra con todo y raíz, se lavan muy bien y se dejan secar a la sombra. Se revisan para quitar lo que no sirva; se pican y se guardan en lugar seco, no hay que olvidar etiquetarlas. Hay que revisarlas de vez en cuando, si están algo húmedas se vuelven a secar, pero si tienen moho, ya no sirven para curar. Es recomendable guardar por separado las flores y las hojas, de las raíces y los tallos, porque tienen tiempo de preparación distinto y no siempre se mezclan unos con otros para hacer té.

Este método es muy sencillo y le da la oportunidad de tener una farmacia efectiva en su casa. También puede méterlas en una bolsa de papel de estraza y ponerlas al sol de dos a 12 horas.

Las hierbas benéficas contienen básicamente: pectina, enzimas, minerales, gomas, fibras, vitaminas y clorofila.

No prepare los tés de hierbas en utensilios de metal, sino en utensilios de peltre, loza esmaltada (sin despostillar), acero inoxidable o barro.

Hay diferentes maneras de preparar tés

Tisana: Ponga a hervir agua, incorpore las hierbas; tape el recipiente y deje hervir cinco minutos. Apague. Deje reposar 10 minutos y cuele. Jamás hierva más de 15 minutos.

Infusión: Ponga a hervir agua, apague el fuego, incorpore las hierbas, tape y deje reposar unos 10 minutos si son flores y hojas; 30 minutos si son raíces picadas finamente.

Maceración: Remoje en agua fría más o menos durante 12 horas hojas, flores y las partes suaves; 18 horas raíces blandas, tallos y cáscaras; 24 horas partes duras. Con este método se aprovechan las sales minerales y las vitaminas.

Decocción: Ponga las hierbas (paste suave) en agua fría, ponga al fuego 10 minutos. Pique las raíces y ponga a hervir 30 minutos a fuego bajo. Deje reposar unos minutos.

Tés curativos

- Para tres litros de agua: 1 cucharadita de hierba o 15 gramos.
- El té curativo debe prepararse diario, ya que se fermenta y pierde su efecto.
- Los tés deben tomarse en ayunas o por la noche antes de acostarse.
- Es mejor tomar el té sin endulzar, pero si desea endúlcelo con miel de abeja que es curativa.
- No deje la cuchara de metal dentro del té o del jugo.
- El uso continúo de tés debe ser sólo de dos a tres semanas, pues después de ese tiempo, el organismo se acostumbra y se pierde el efecto. Adultos: tres tazas al día. Niños: 10 cucharadas tres veces al día.
- En seis meses, no tomar más de cuatro semanas el mismo té. Excepción: diente de león (como penicilina) se puede usar por tiempo prolongado para enfermedades del hígado, cistitis, temperatura; madreselva ocho días.

Plantas curativas

Todos los procesos patológicos del hombre, tienen su reflejo invertido —proyección— en el mundo de las plantas medicinales. Siguiendo los preceptos de Hipócrates, Paracelso dice que las plantas fueron destinadas para alimentar y curar al hombre de sus padecimientos y para reparar sus fuerzas orgánicas, del cuerpo físico y etérico. Que en cada jardín florecen las plantas que necesitan los habitantes de la casa para tener armonía y curarse.

Las plantas están vivas y nos ofrecen sus vidas.

Una planta o una hoja es una vida integral.

En muchos estudios se ha demostrado que las plantas sienten y mantienen relación con el ecosistema y con los seres humanos. Es un lenguaje sutil, inaudible al oído humano, pero, en ocasiones se detecta en el color o el aroma de una flor, fuente de inspiración de los seres humanos que han aplicado el alfabeto químico, para recuperar la salud o mantenerla.

Las plantas son laboratorios bioquímicos complejos que cumplen funciones alimenticias, energéticas y de comunicación interna en el organismo. Hay que recordar que en su origen, la mayoría de los medicamentos alópatas se sintetizaban a partir de alguna planta.

Abedul. (Elixir). Benéfico para el sistema circulatorio. Actúa sobre el metabolismo, estimula los líquidos del organismo, provocando la circulación de los residuos. Se aconseja en cura de drenaje.

Acelga cruda. Combate la gastritis y el estreñimiento; es útil en casos de artritis; purifica la sangre.

Achicoria. Es de sabor amargo, se come en ensaladas. Es depurativa, digestiva y diurética.

Ajenjo. Debe tomarse en cantidades reducidas y durante poco tiempo. Sirve para tratar problemas intestinales, es diurético, combate la falta de apetito. Favorece la excreción de la bilis y la formación de la sangre.

Ajo. Sus propiedades curativas son muy extensas. Disminuye la presión arterial; expulsa parásitos intestinales; alivia la arteriosclerosis; estimula el apetito; es antiséptico y depurativo.

Albahaca. Es antiespasmódica, estimulante, digestiva, se usa contra dispepsias nerviosas. Elimina gases intestinales. Regulariza la menstruación. Evita la caída del cabello friccionando el jugo en el cuero cabelludo.

Alpiste. Regula la presión arterial. Tome como agua, un litro de agua por cuatro cucharadas de alpiste. Hierva y deje reposar.

Anís. Evita los gases y los cólicos. Estimula las secreciones del estómago y de los bronquios.

Árnica. Es tónico para los sistemas nervioso y circulatorio. Desinflama y descongestiona. Se emplea en tratamientos del sistema nervioso y la columna vertebral.

Berenjena. En caldo caliente ayuda a superar casos de alcoholismo o la cruda.

Berro. Es mineralizante. Contienen yodo, sodio, fósforo, potasio, sílice, zinc, óxido de hierro.

Boldo. Tres hojas por taza, de dos a tres veces al día después de las comidas. Ayuda a aliviar afecciones del hígado, cálculos y trastornos en las vías biliares. Es laxante suave, expulsa los gases intestinales, normaliza la digestión y estimula el apetito. Tonifica los nervios, provoca sudoración, limpia el cutis de acné, barros y espinillas. Combina bien con hojas de Sen. Si tiene baja la presión y lo toma mucho tiempo, la baja más. Produce cálculos si se toma durante mucho tiempo.

Borraja. Estimula o aumenta el sudor. Es diurética y expectorante.

Cabellos de elote *(barbas del maíz)*. Es diurético combate cálculos en las vías urinarias, edemas, cistitis, nefritis, reumatismo, gota. Es eficaz para adelgazar.

Caléndula, *flor de muerto, maravilla, mercadela o cempasúchil.* Supera al árnica en poder terapéutico. Controla la presión. Es un maravilloso depurador y activador de la circulación de la sangre facilitando la cicatrización de heridas, úlceras varicosas, fístulas, quistes de mama, quemaduras, sabañones, hongos en los pies. Estimula la menstruación, la micosis de vagina. Es buena en afecciones del estómago y del intestino: diarrea, empacho, cólicos, parásitos, gases, colitis, úlceras de estómago. Ayuda a aliviar afecciones del hígado. Fortalece la vista. Es benéfico para el sistema respiratorio. Sudorífera y diurética. El jugo fresco en lavados, elimina verrugas, sarna e inflamación de glándulas. En casos de intoxicación se toma en cocción, se aplica como cataplasma o en baños. Macere siete cabezas en medio litro de suero fisiológico durante siete semanas.

Cola de caballo. Tallos y hojas, ayudan al organismo a asimilar el calcio por su alto contenido en sílice. Purifica la sangre y el hígado. Activa la función de los riñones. Regula la menstruación excesiva. Cura almorranas sangrantes. Es buena para afecciones del estómago y úlceras.

Canela. Se usa como condimento. Es un tónico excelente, evita los gases y favorece la digestión.

Cilantro crudo. Evita las flatulencias y fortalece el aparato digestivo; combate la debilidad y la fatiga.

Comino. Es estimulante, digestivo, estomacal. Expulsa gases intestinales.

Consuelda mayor. *(Comfrey significa cohesión, unir).* Heridas a sanar y huesos rotos a soldar. Las raíces y hojas contienen proteína alantoína que estimula la proliferación de células. Tiene un alto contenido en calcio y vitamina C, B^{12}, E, B^3, B^5, B^2, B^1. Es maravillosa para curar fracturas, torceduras, luxaciones, hinchazón de las articulaciones, dolor reumático, artritis, hematomas, úlceras varicosas, catarro bronquial, trastornos del aparato digestivo, úlceras gástricas. Cura heridas abiertas. Externamente es un antiinflamatorio. Se sugiere un consumo moderado.

Cuachalalate. Se usa la corteza. Endurece las encías y cura la piorrea. Cura úlceras gástricas y otras. Indicado en el cáncer de estómago y de intestino.

Chaya. Es originaria del estado de Yucatán. Contiene hierro, calcio, vitaminas A y C, ácido glutámico y otros. Indicada para problemas de circulación, colesterol, hemorroides, granos supurados, sangre, clamsia. Es diurética y laxante. Fortalece encías y dientes.

Chile piquín. Se usa como condimento. Uso terapéutico: estimula la circulación sanguínea. Favorece la cicatrización de úlceras.

Diente de león. Crece en el pasto, hasta en las banquetas de la calle, es una planta medicinal de gran valor. Poderoso estimulante del hígado y afecciones de la bilis. Combate la diabetes, los diabéticos deberían masticar diario sólo los rabos frescos de la planta en flor. Cura las enfermedades metabólicas, mejora los jugos gástricos y limpian el estómago. En casos de acné el diente de león y la ortiga, tienen un efecto depurativo. Las raíces purifican la sangre, son tónicas, diuréticas y sudoríferas.

Doradilla. Parece un riñón. Indicada para el sistema urinario, regula la orina y estimula a la vesícula biliar. Descongestiona el hígado. Es pectoral y aperitiva.

Drosera. Benéfica para el sistema respiratorio. Sector psíquico, cuando los pulmones son sede de anormalidades.

Echinacea. Raíz u hoja seca. Es un maravilloso inmunoestimulante para tratar gripe común, dolor de garganta e influenza. Previene las infecciones en las vías respiratorias.

Enebro. Es estomacal, aperitivo, diurético, sudorífico. Indicado en casos de edema, reuma, hidropesía, anemia, leucorrea, sífilis. No se use en inflamación aguda de los riñones.

Epazote. Es un delicioso condimento. Eficaz para eliminar toda clase de parásitos. Activa la menstruación. En el embarazo puede provocar aborto, si se abusa de él.

Espinaca cruda. Es una maravilla para el tracto intestinal. Combate la anemia perniciosa por su contenido férrico, tiene alto contenido de vitamina A. Es un magnífico alimento durante el desarrollo de niños y adolescentes.

Estafiate. Elimina parásitos y amibas, evita cólicos. Es un tónico para el aparato reproductor femenino.

Eucalipto. Es benéfico para el sistema respiratorio. Las hojas hervidas o quemadas desinfectan el ambiente.

Eufrasia. Útil para todo problema de ojos, uso externo e interno.

Fenogreco. Cura problemas de garganta. Bueno en caso de es-

treñimiento. En un vaso de agua remoje una cucharada de semillas con tres ciruelas pasas, deje remojar toda la noche, tome por la mañana.

Flor de azahar. Calmante del sistema nervioso. Proporciona un sueño tranquilo, combina con Tila para obtener mejor efecto.

Fresno. Purgante, diurético y sudorífico. Contra la fiebre y la artritis.

Gayuba. Problemas del sistema urinario, diurética y desinfectante.

Geranio. Contra las hemorragias, es digestivo, astringente. Estimula la sudoración.

Gingseng. Agota la tierra donde se cultiva, los 7-8 años de crecimiento, extrae del suelo todos sus elementos. En el ritual chino, se cosecha sólo en luna llena y a medianoche para que tenga valor medicinal.

Los chinos nombran a esta raíz tuberosa planta-hombre, su acción terapéutica es de gran valor en el tratamiento de enfermedades originadas por el progreso de la era moderna. Es el vitalizante eterno contra la fatiga, la impotencia, la amnesia, el "mal de cabeza" y los síntomas seniles; atenúa los síntomas de estrés e inflamatorios acelerando la curación. Es eficaz en la intoxicación por plomo u otros tipos de envenenamiento. Baja la presión en caso de hipertensión. Estimula al sistema nervioso. Contribuye a bajar el nivel de glucosa en la sangre cuando está muy alto. Mejora la circulación.

El Ging-Seng contiene: calcio, fósforo, azufre, manganeso, potasio, sodio, hierro, aluminio, titanio, estroncio, bario, silicatos, los oligoelementos que el organismo requiere, enzimas, vitaminas del grupo B, 14 aminoácidos, ácidos grasos, resinas, aceite esencial, panacen.

Ginkgo. Los chinos lo han usado durante miles de años. Actúa como adelgazador de la sangre; mejora la circulación, por eso se usa en tratamientos de depresión, migrañas, problemas cardiacos y pulmonares. Al parecer puede ayudar a estabilizar y quizá mejorar la función cognoscitiva en casos de enfermedad de Alzheimer y demencia, pero no ha demostrado mejorar la memoria a personas saludables y normales.

Girasol. Es benéfico para el sistema nervioso, cura dolores de estómago, llagas y fiebre.

Gobernadora o Prodigiosa. De sabor muy amargo. Ayuda a aliviar afecciones del hígado (cirrosis), vesícula biliar, cólicos biliosos, diarrea y disentería.

Gordolobo. Es benéfico para el sistema respiratorio: laringe, faringe, tráquea y bronquios. Junto con la malva estimula la circulación ayudando a combatir las várices y las hemorroides.

Hamamelis. Es antihemorrágica y descongestionante. Es benéfica para el sistema circulatorio. Cura hemorragias y hemorroides. Junto con el castaño de indias mejora las venas varicosas. Externamente alivia la piel irritada.

Helecho macho. Expulsa la solitaria en adultos.

Higuerilla (*Ricinus communis*). ¡Cuidado! uso externo, las semillas molidas: suavizan la piel; se usan para dar masaje en los pies. Sirve para tratar prolapso de recto, pineal, hemorroides.

Hinojo. Es desinflamante y balsámico. Es benéfico para el sistema digestivo, combate las flatulencias y los gases. Es aperitivo. Normaliza la menstruación. Es saludable cocer papas con hinojo.

Hojas de guayaba. Es astringente, estomacal, indicado para diarrea.

Jengibre. Es digestivo, excitante y afrodisiaco. Expulsa los gases del intestino. Tónico cerebral, agudiza la memoria e inteligencia. Tiene los principios activos del ginseng.

Lampazo. Es diurética, depurativa y sudorífica. Favorece la secreción de la bilis.

Linaza. Es laxante y desinflamante, se utiliza en problemas estomacales, colitis, hemorroides, estreñimiento (en 1 vaso de agua ponga 1 cucharada de semilla, deje remojar toda la noche, tome al día siguiente) o en forma de lavativa. Ayuda a aliviar bronquitis.

Llantén. Purifica la sangre. Es antihemorrágica y cicatrizante; expectorante; astringente.

Lúpulo. Es digestiva, diurética, antineurítica, antiartrítica.

Malva. Se utiliza en maceración contra inflamaciones de estómago (gastritis), vejiga, úlceras de estómago e intestino. Combate afecciones de las vías respiratorias como tos, bronquitis, ronquera, anginas y boca seca; es expectorante. Cuando se le seque el líquido lacrimal, lávese los ojos y póngase compresas tibias de tisana de malva. Cura úlceras o llagas en la piel. Se usa como cataplasma en artritis, gota y abscesos en encía.

Malvavisco. Es diurético, laxante, estimula las secreciones biliares. Calma el sistema nervioso. Es un buen expectorante. Indicado para reumatismo y granos en la piel. Es sudorífica. Se usa como cataplasma sobre forúnculos e inflamaciones de la piel.

Manzanilla. Es tónica, descongestionante y calmante. En té alivia el dolor y los retortijones de vientre, los gases y la diarrea; regula la secreción estomacal. Combate el insomnio, la fiebre. Estimula la menstruación. Aspirar vapor de manzanilla mejora mucho la sinusitis y el catarro. El aceite tiene efectos atemperantes calmando dolores. Para dolor de ojos aplique compresas tibias sobre los párpados.

Menta (*menta piperita*). Mejora la digestión y el mal aliento. Calma los nervios, los espasmos y los cólicos infantiles, los calambres y la tos. Es desinfectante. Es un estimulante general.

Milenrama. Es astringente, diurética y purificadora. Es útil en casos de hemorragias, reuma, flujo blanco, catarros de las vías urinarias y de los crónicos de los intestinos. Es benéfico para el hígado.

Muérdago. Antiveneno; antiespasmódico; purgante; sedante; útil en hemorragias, trastornos histéricos, convulsiones crónicas, arteriosclerosis, tosferina, catarros, tuberculosis; aumenta la fecundidad; provoca dilatación de los vasos capilares y actúan contra la arteriosclerosis. Eficaz en los sabañones (congelaciones). Activa el metabolismo. Excelente para el sistema circulatorio y la arritmia cardiaca. Sirve para tratar el desequilibrio hormonal. Combate la diabetes por su influencia en el páncreas. Actúa benéficamente en casos de cáncer. El jugo se prepara en el extractor, para dinamizarlo (la dinámica es sinónimo de fuerza de vida). Manuel Martínez afirma en su tratado, *Las plantas medicinales de México*, que el muérdago enano mexicano es útil contra la sífilis, la tos y cura heridas.

Nogal. Es astringente, depurativo, tónico y antiparásitos. La infusión de hojas ayuda en trastornos de digestión. Purifica la sangre; disminuye la anemia; da buenos resultados en el tratamiento de la diabetes. Externamente: sirve para baños de pies, uñas supuradas y sudor excesivo; tiña; sarna; acné; afecciones de garganta, laringe y encías. Cura sabañones (frío); previene la caída del cabello (en cocimiento concentrado). La cáscara y la corteza de la nuez hervidas aumentan los glóbulos rojos.

Nopal. Es un alimento muy apreciado y sabroso. Regula el páncreas. Es muy útil en padecimientos del sistema urinario como inflamación de vejiga y uretra. Es laxante, elimina parásitos intestinales. Es maravilloso en cataplasma (se asa sólo un lado y se aplica) sobre heridas, abscesos o inflamaciones.

Orégano. Se usa como condimento. Es tónico y sudorífico. Activa las funciones del aparato digestivo, la circulación y el sistema nervioso.

Ortiga. Tisana calmante que combate el reumatismo y la gota, contiene hierro, sales minerales y vitamina C. Se utilizan todas sus partes. Produce escozor a quién la toca. En infusión es buena para combatir cansancio, eczema, dolor de cabeza, afecciones renales. Es magnífica depuradora sanguínea. Estimula el páncreas y las evacuaciones. Indicada en afecciones de hígado y bilis, bazo, vías respiratorias y pulmones, úlceras de estómago e intestino. Infecciones por bacteria o virus. Alergias, fiebre de heno. Contra la ciática; caída del cabello; fístulas; cáncer de estómago; neuritis; lumbago. Contra el acné, tome diario un litro de infusión como agua de tiempo.

Perejil. Es aperitivo, contiene una enzima llamada aconatina. Relaja el sistema muscular. Es diurético. Indicado en problemas de menstruación y vesícula biliar. Fortalece el sistema reproductor. Tónico cerebral. Se usa en picaduras de avispa como cataplasma.

Pingüica. Fruto y hojas. Es benéfico para el sistema urinario. Indicada para inflamación de riñones y de vejiga, es diurética. Indicada para curar prostatitis e hidropesía.

Quina. La corteza en cocimiento, sirve para bajar la fiebre. De la corteza se extrae la quinina muy útil en casos de anemia, asma, tosferina, nerviosismo, epilepsia, tétano, debilidad. (Con esta corteza se controló el paludismo y la malaria.)

Rábano rojo, negro y blanco. Es muy mineralizante. Contienen yodo, sílice, sodio, potasio, fósforo, zinc y óxido de hierro.

Regaliz. La raíz en infusión es pectoral, diurética, algo laxante.

Ricino (*Ricinus Vulgaris*). Tiene olor y sabor desagradable. Es buen purgante, muy eficaz y enérgico por lo cual no se recomienda usarlo a la ligera sin consultar a su médico.

Romero. Se utiliza como condimento. En té es: tónico, estimula la digestión, regulariza la menstruación. Ayuda en el tratamiento de la diabetes y en la fatiga. Con depresión nerviosa por agotamiento intelectual, dése baños calientes a base de romero. Lavados vaginales antisépticos. El romero macho es especial para diabetes.

Rosa. Pétalos y semillas. Las semillas son un diurético suave y los pétalos ayudan a desinflamar los ojos utilícelos en lavados o compresas, bueno en la conjuntivitis. Los pétalos de rosa fresca contienen complejo B, en ensalada son deliciosos. Los pétalos secos en cocción son laxantes y astringentes.

Ruda. Regulariza la menstruación, calma los dolores y los nervios de estos días. Actúa sobre hemorragias y calambres.

Salvia (*officialis*). Significa curar. Es astringente, sudorífica, desinfectante y algo diurética. La puede utilizar como condimento. Purifica el aliento al masticarla. La infusión tonifica y fortalece el organismo. Elimina gases, diarrea e indigestión. Sirve para tratar estreñimiento, colitis, úlceras pépticas y diabetes. Actúa sobre el hígado. Cura enfermedades de la garganta y encías sangrantes. Previene la apoplejía. Ayuda en problemas glandulares de la médula y convulsiones.

Sanguinaria. Es depurativa de la sangre. Ayuda en problemas de hemorroides. Es diurética. Disuelve cálculos renales.

Sábila o aloe vera. Es una planta de la familia de las liliáceas. Se le llamó hierba milagrosa. En bebidas es agradable, no produce alergias. Contiene vitaminas, minerales y 18 aminoácidos. Es musilaginosa y amarga. Tiene propiedades emolientes, astringentes, laxantes, emenagogas, antibióticas, astringentes, agente coagulante, entre otras. En primeros auxilios sirve para tratar quemaduras, cicatrices, heridas, psoriasis, dolores, problemas digestivos e intestinales, de riñones, úlceras de estómago y de la piel, hemorroides, constipación, corazón, encías, ampollas, problemas de la piel, manchas, várices, músculos doloridos, torceduras, desórdenes sexuales, longevidad, herpes labial y afta, nervios dañados, varicela, sarampión, fiebre, sinusitis.

El gel de la planta suculenta, se ha usado como bálsamo para quemaduras leves desde la época de los antiguos egipcios. Se han encontrado a través de la historia, referencias al Aloe (sábila) en diferentes civilizaciones como la griega, la hindú, la romana, la china y otras.

Sello dorado. La raíz se usa para tratar problemas digestivos, úlceras, heridas, infecciones de oídos y ojos, es diurética, tonificante y laxante. Ayuda en desórdenes menstruales como ciclos irregulares y sangrado excesivo. Es abortiva, induce el trabajo de parto. Uno de sus componentes activos es la berberina con propiedades antimicrobiales y vasodilatadoras; puede ser efectivo en la prevención de células cancerosas. Se recomienda el uso muy moderado.

Sen. Tiene propiedades laxantes y purgantes. Es un estimulante de la pereza intestinal pero a veces ocasiona irritación de la mucosa, por lo cual no debe usarse habitualmente.

Serpol, tomillo salvaje. Favorece la menstruación y limpia el sistema reproductor. Es diurético antiespasmódico. El llantén y el serpol están indicados contra los problemas de las vías respiratorias. Hildergard von Bigen (monja alemana del siglo XII, gran conocedora de plantas medicinales) menciona al serpol como indicado contra la lepra, enfermedades nerviosas y la parálisis.

Stefia rebaudian. Sustituto natural del azúcar. Con actividad antibiótica. Contra vaginitis (*cándida albicous*) y bacteria *Stafilococus aureus* y *Corynebacterium difteris*. Mejora la tolerancia a la glucosa en la diabetes. Controla la presión sanguínea. Es diurética y vasodilatadora.

Tamarindo. Su pulpa es de sabor agridulce y astringente. Es un buen laxante, limpia y refresca el tracto intestinal. Es diurético.

Tila. Es un buen tónico, calmante de los problemas del sistema nervioso. Es expectorante, diurética y sudorífica.

Té verde. Es rico en antioxidantes.

Toronjil, melisa. Calma las alteraciones del sistema nervioso. Es sudorífico y estomacal. Es tónico.

Tronadora. Tónico general. *Aperitiva.* Sirve para tratar problemas gastrointestinales, de hígado, vesícula biliar, páncreas, diabetes.

Valeriana. Para todos los problemas del sistema nervioso. Antiespasmódica, tónica y calmante.

Vara de oro. Es depurativa, desinflamante y diurética. Estimula el páncreas previniendo la diabetes.

Verbena. Es depuradora de la sangre. Activa la función intestinal.

Hierbabuena. Antiespasmódica, calmante, estimulante general. Útil en casos de indigestión y mal aliento.

Zarzaparrilla. Es un excelente purificador de la sangre. Indicada en problemas de la piel como erupciones.

Sugerencias terapéuticas para algunas enfermedades comunes

Acné. Resultado de un desequilibrio hormonal, típico de la pubertad. Aparece cuando el organismo necesita limpieza y/o es parte de un riñón afectado. Evite comidas muy condimentadas, vinagre, comer mucha sal, azúcar, chocolate, bebidas carbonadas (refrescos). Reduzca el consumo de grasas. Aplique lavativas (enemas) de ajo. Coma alimentos nutritivos, tome bebidas verdes (clorofila), ensaladas con yoghurt, haga ayunos de jugos de fruta y verduras. Consuma complemento de vitaminas y minerales múltiples, complejo B, vitaminas A, E, C, D, F, azufre y zinc.
Uso externo: Lave la cara con jabón neutro (mañana y noche) y enjuague con agua bien caliente con unas gotas de benjuí; después de $\frac{1}{2}$ hora aplique loción de rosa de castilla (en 100 ml de alcohol macere 10 g de flores, por 10 días y agregue 10 g de glicerina pura).
Loción de raíz de rábano rusticano rallado. En un frasco ponga la raíz de rábano y cúbrala con vinagre de manzana, deje macerar 10 días y aplique en el rostro limpio.
Sábila, abra una hoja y aplique. Aplique mascarillas de arcilla.
Hierbas: ortiga (infusión), tomar 1 litro al día como agua de tiempo; alfalfa, sábila, equinacea, ginseng, pimiento rojo, encinilla de mar, acedera, trébol rojo, zarzaparrilla, valeriana.

Alergias. Es necesario balancear la química de la sangre. Coma alimentos nutritivos y ligeros, tome bebidas verdes (clorofila), polen, papaya, haga ayunos con jugos de frutas y verduras. Aplique lavativas (enemas) de ajo con hierba gatera. *Hierbas:* alfalfa, sábila, ortiga, malvavisco, eufrasia, ajo, consuelda, lobelia, fenogreco, cimífuga, perejil, hierbas suecas.

Anemia (deficiencia de sales minerales). Coma alimentos nutritivos como granos enteros, semillas, cereales, oleaginosas; tome bebidas verdes (clorofila), polen de abeja, plátanos, chabacanos, jugo de betabel, melaza, cerezas, alga espirulina, germen de trigo (pasto de trigo) y de cebada. Tome complemento de vitaminas y minerales, complejo B, B12, C, E, calcio y hierro natural quelatado. *Hierbas:* diente de león, alfalfa, ajo, encinilla de mar, agracejo, tomillo, consuelda, fenogreco, acedera, cuasia.

Arteriosclerosis (endurecimiento de las arterias). Coma alimentos nutritivos, ligeros y crudos. Tome bebidas verdes (clorofila), vinagre de manzana. Tome complemento de vitaminas y minerales múltiples, lecitina, bioflavonoide, magnesio, cromo, calcio, vitaminas A, E, C, inositol y colina.

Artritis (inflamación y deformación de las articulaciones y lesiones por desgaste). Coma alimentos naturales y ligeros, tome bebidas verdes (clorofila), haga ayunos con jugos, tome jugo de zanahoria. Beba las veces que guste al día la siguiente bebida: licue una manzana con un vaso de agua y 1 cucharada de vinagre de manzana. Tome complemento de vitaminas y minerales múltiples, calcio, potasio, levadura de cerveza, B^5, A, C, E. Evite la carne, los alimentos refinados y el azúcar. *Hierbas:* sauce (en lugar de aspirina), cola de caballo, ortiga, hierbas suecas, alfalfa, sábila, ajo, consuelda, encinilla de mar, raíz de valeriana, bardana, cimífuga, pimiento rojo, fenogreco, regaliz, perejil, milenrama.

Asma (opresión de la respiración). Limpieza de colon. Evite los lácteos (producen moco), carne, azúcar, pan y reduzca las grasas. Coma alimentos nutritivos, ligeros y crudos, jugos de frutas o verduras frescas, tome bebidas verdes (clorofila), vinagre de manzana. Consuma complemento de vitaminas y minerales múltiples, calcio, potasio, magnesio, manganeso, complejo B, A, C, E, B^5 y polen. Aplique sobre el pecho cataplasmas de cebolla. Friccione el pecho con tintura de romero, valeriana o belladona. Aplique enemas de ajo con hierba gatera. *Hierbas:* mejorana, orégano, tomillo, lobelia, mirra, alfalfa, fenogreco, ajo, regaliz, verbasco, consuelda, jengibre, cimífuga, pimiento rojo, palo de arco, malvavisco, ginseng, valeriana, sauce blanco, betónica, marrubio.

Bronquitis (inflamación de los bronquios). Inhale vapores de hojas de eucalipto, vinagre de manzana, esencia de pino o flor de sauco. Aplique sobre el pecho cataplasmas de harina de linaza, malva o cebolla. Coma alimentos nutritivos, tome bebidas verdes y diente de león como agua de tiempo. Evite tomar bebidas frías y fumar. *Hierbas:* flor de saúco, gordolobo, orégano, tomillo, mejorana, hinojo, verónica, ajo, jengibre, equinacea, raíz de regaliz, lobelia, acedera, mirra, malagueta, lúpulo, salvia, palo de arco, milenrama, fenogreco, pimiento rojo, malvavisco, verbasco, cimífuga, trébol rojo, raíz de valeriana.

Calvicie y caspa. Limpie el intestino. Coma alimentos nutritivos, haga ayunos con jugos de frutas o de verduras, tome bebidas verdes (clorofila). Consuma vitaminas y minerales múltiples, A, B^1, B^5, B^{12}, zinc, biotina. Use champú de sábila y jojoba. *Hierbas:* palo de arco (Pau d´arco).

Cáncer. Coma alimentos nutritivos y ligeros, pasto de trigo, tome bebidas verdes (clorofila), jugo de sábila, mijo, cacahuate, pimienta. Consuma vitaminas y minerales múltiples, magnesio.

Caries dental. Coma alimentos nutritivos, tome bebidas verdes (clorofila), jugo de sábila y ayunos de jugos de fruta o de verduras. Consuma vitaminas y minerales múltiples, complejo B, B6, C, calcio. *Hierbas:* alfalfa, encinilla de mar y nuez negra (contienen flúor natural).

Cistitis (inflamación de la vejiga). Coma alimentos ligeros, tome bebidas verdes (clorofila), agua de linaza, cebada y leche de almendras. Tome como agua de tiempo, cocimiento de papa con cáscara. Aplique lavativas (enemas) de cocimiento de linaza o malva. *Hierbas:* ajo, pingüica, cabellos de elote, doradilla, cola de caballo, bayas de enebro, romero.

Colesterol. Coma alimentos nutritivos y ligeros, polen, pasto de trigo; tome bebidas verdes (clorofila), jugo de sábila, lecitina, alimentos con fibra. Consuma complemento de vitaminas y minerales múltiples, complejo B, B3, calcio.

Colitis. Es necesario limpiar el colon. Piense positivo para que el estrés disminuya. Coma alimentos nutritivos y ligeros, tome jugo de sábila, bebidas verdes (clorofila), jugo de col, zanahoria con apio, enzimas digestivas. Acidófilos. Consuma un complemento de vitaminas y minerales múltiples, complejo B, A, C, E, K, U. *Hierbas:* alfalfa, sábila, ajo, menta piperita, mirra, jengibre, psyllium, palo de arco, encinilla de mar, manzanilla, sello de oro, nuez negra.

Conjuntivitis. Lávese los ojos con infusión de manzanilla, lechuga fresca, gotas de clorofila o de limón.

Diabetes. Actitud positiva. Regule la dieta en forma personal con alimentos nutritivos y lo más posible de alimentos crudos, tome bebidas verdes (clorofila), apio crudo, jugo de zanahoria, jugo de pepino, espárrago, poro, ajo, cebolla, pasto de trigo (germinado) y de cebada, alga espirulina, levadura de cerveza, frijol mungo germinado, achicoria, diente de león en la ensalada y cuando el diente de león esté en floración, quite la flor y mastique los tallos (de 10 a 15 diarios). Aplique enemas. Consuma vitaminas y minerales múltiples, complejo B, B^6, B^{12}, A, C, E, azufre y manganeso. *Hierbas:* hojas de arándano, ortiga, raíz de cálamo, hojas y brotes de saúco, diente de león, alfalfa, sábila, eufrasia, ajo, pimiento rojo, palo de arco, muérdago, fenogreco, encinilla de mar, malvavisco, milenrama, cimífuga, consuelda, hierba sueca. Las siguientes hierbas regulan el azúcar en la sangre: raíz de tejocote, tronadora, damiana, matarique, hoja de eucalipto. *Hipoglucemiantes:* hojas de arándano, alcachofa, nogal, centaura y salvia. Machaque tres cabezas de ajo grandes y macerarlas en 1 litro de aguardiente 15 días. Tome 1 cucharadita en ayunas todos lo días.

Diarrea. Coma alimentos ligeros (en caso grave suspenda por completo el alimento), manzana cruda, horchata de semillas de melón (crudo), cebada, arroz, agua de avena, algarrobo, acidófilos, tome una clara de huevo batida en $\frac{1}{2}$ taza de agua tibia endulzada (tome cuatro, 4 veces al día) o agua de limón. Aplique lavativa (enema) de agua de linaza (cocción). *Hierbas:* menta piperita, raíz de chayote, hojas de guayabo, olmo americano, té de clavo.

Digestión. Coma alimentos nutritivos y ligeros, tome bebidas verdes (clorofila), jugo de sábila, pasto o germinado de trigo, cebada, espirulina, acidófilos, vinagre de manzana (en un vaso de agua diluya una cucharada de vinagre). Vitaminas y minerales múltiples, complejo B y magnesio. *Hierbas:* alfalfa, sábila, hierbabuena, manzanilla.

Eczema. Coma alimentos nutritivos y ligeros como granos y semillas, polen, germinados de trigo (pasto) y de cebada de preferencia crudos. Tome bebidas verdes (clorofila), jugo de sábila y aplique sobre la piel la gelatina de la sábila. Consuma complemento de vitaminas y minerales múltiples, complejo B, A, E, C, D, zinc. Evite consumir alimentos refinados, azúcar, chocolate, carne, lácteos. Aplique lavativa de hierba gatera.

Hierbas: sábila, equinacea consuelda, mirra, diente de león, encinilla de mar, palo de arco, sauce blanco.

Edema (retención de agua). *Hierbas:* raíz de sauco, perejil, flor de muerto o caléndula, pelo de maíz o cabello de elote, alfalfa, gayuba, encinilla de mar, cola de caballo, salvia.

Estreñimiento. Coma alimentos nutritivos, cereales integrales, verduras y fruta, higos. Haga ejercicio físico y abdominales, dése baños con agua fría. *Hierbas:* semilla de linaza, achicoria, semilla de chía, hojasen, ruibarbo, diente de león.

Fiebre de heno (véase Asma).

Furúnculos. Aplique cataplasmas de arcilla o una mezcla de consuelda y olmo americano. Sello de oro en agua purificada.

Gases (flatulencias). Las bebidas verdes (clorofila) ayudan a neutralizar los gases y la menta ayuda a expulsarlos del intestino. Tome enzimas digestivas con los alimentos. Si hay dolor tome jugo de sábila o 25 gotas de tintura de hinojo y hierba gatera. *Hierbas:* menta, alfalfa, manzanilla, consuelda mayor, gatera, hinojo.

Gota (véase Artritis).

Hemorroides. Siga la misma dieta que para el estreñimiento, tome bebidas verdes (clorofila) y muchos jugos o líquidos. Evite los productos refinados como el azúcar. Consuma vitaminas y minerales múltiples, vitamina A, D, E, B6 y complejo B. Dése baños de asiento de malva o de sello de oro y roble blanco. Aplique toques de tintura de árnica. En caso de fístulas, aplique en la zona bálsamo negro. *Hierbas:* castaño de indias y hamamelis juntos o separados (si es en tintura aplique externamente y tome 20 gotas tres veces al día); cáscara sagrada, milenrama, sello de oro, corteza de roble blanco.

Hepatitis (inflamación del hígado). Coma alimentos nutritivos y ligeros, tome bebidas verdes (clorofila), horchata de arroz y de cebada, agua de linaza, leche de almendras, frutas, uvas, manzanas. Haga ayuno de fruta especialmente de lima, naranja o manzana y de verduras. Tome una clara de huevo batida en 1 taza de agua tibia. Tome un complemento de vitaminas y minerales múltiples, complejo B, C, y calcio. Evite las grasas.

Hierbas: cocción de acedera y diente de león; prodigiosa; boldo; corteza de limonero; alcachofa; doradilla; castilleja; cuasia. Aplique lavativas (enemas) de ajo y hierba gatera.

Hígado. Coma alimentos naturales y ligeros, tome bebidas verdes (clorofila), haga ayuno de jugos de frutas (manzana) y de verduras (incluir betabel o remolacha y diente de león) y jugo de limón. Polen. Tome un complemento de vitaminas y minerales múltiples, complejo B, A, C, E. *Hierbas:* ajo, diente de león, cáscara sagrada, sábila, cola de caballo, acedera, hinojo, perejil, salvia, pimiento rojo, chaparral, gayuba, cimífuga, cardo bendito, bardana, lobelia, palo de arco, corteza de roble blanco, milenrama.

Incontinencia urinaria. Niños: dos gotas de tintura de belladona antes de acostarse. Baños durante dos semanas, 10 minutos con salvia, romero, tomillo, menta, orégano, estafiate, hisopo a partes iguales, hervir y bañarse con la mezcla.

Insomnio. Lechuga, flor de tila, flor de azahar, hojas de naranjo, pasiflora, valeriana, belladona, hierbabuena o menta piperita, tomillo. Mareos, toronjil.

Laringitis (inflamación de la mucosa de la laringe, ronquera). Descanse y no hable. Tome infusión de sauco, borraja o salvia, tres tazas al día. Haga gárgaras todo el día con agua tibia y sal de mar, alterne al día siguiente con agua con bicarbonato. Repita 6-7 días para cambiar el pH de la boca.

Mal aliento. Es necesario limpiar el intestino y aplicar lavativas (enemas) de hierba gatera con ajo. Coma alimentos nutritivos y ligeros, tome bebidas verdes (clorofila). Consuma un complemento de vitaminas y minerales múltiples, complejo B. *Hierbas:* menta piperita (hierbabuena), alfalfa, agracejo.

Parásitos. Coma alimentos nutritivos y ligeros, comer pepitas de calabaza en ayunas y $\frac{1}{2}$ hora después tome una cucharadita de aceite de ricino. Coma papaya. Haga un ayuno de 3 días con jugo de manzana, al cuarto día en ayunas ingiera dos dientes de ajo con jugo de limón, coma ensalada todo el día. Continúe con alimentos ligeros y nutritivos, un complemento de vitaminas y

minerales múltiple. Durante el ayuno aplique lavativas (enemas) de ajo (machaque seis dientes de ajo, póngalos en agua y cuele, complete un litro con agua tibia y aplique). Los ascárides se combaten con: ajo, cebolla, rábano rústico y jugo de zanahoria con betabel o remolacha. La lombriz oxiuros con: epazote, marrubio, estafiate, hierbabuena. La solitaria con: jugo de sábila, corteza de raíz de granado agrio, semilla de calabaza o cocción de cáscara y hueso de aguacate machacado. Tome en ayunas tres días, al cuarto día tome aceite de ricino. Las amebas con: chaparro amargoso o cinarruba. *Hierbas:* sábila, cola de caballo, nuez negra, ajo, salvia, tomillo, raíz de valeriana, encinilla de mar, cardo bendito, lobelia, cáscara sagrada, hierba gatera, sauce blanco, corteza de roble blanco, betónica.

Presión sanguínea, presión alta (hipertensión). Coma alimentos nutritivos y ligeros; tome bebidas verdes (clorofila), polen, cebada, pasto de trigo (wheat grass); haga ayuno de jugos de frutas o de verduras. Consuma complemento de minerales y vitaminas múltiples, complejo B, A, C, E. *Hierbas:* alpiste (4 cucharadas por litro); hojas de chayote, ajo crudo, sábila, pimiento rojo o chile piquín, gotu-kola, cimífuga, hierba de San Cristóbal, cáscara sagrada, hojas de guarumbo, hojas de zapote blanco, encinilla de mar, lúpulo, espino, raíz de valeriana. Tome tisana de hojas de muérdago, olivo y raíz de salsifí.

Presión baja (hipotensión). Para subirla rápido, coma unos trocitos de piloncillo o miel de abeja. *Hierbas:* ajo, diente de león, pimiento rojo o chile piquín, encinilla de mar, perejil, jengibre, hierbabuena, raíz de valeriana, milenrama, acedera, hojas de nogal, damiana, canela, espino majuelo.

Riñones y vejiga (cálculos o arenillas). Coma alimentos nutritivos y ligeros; tome bebidas verdes (clorofila); haga ayuno de jugos de frutas o verduras; jugo de manzana, jugo de manzana con arándano (todos los días), jugo de sábila, sandía y limón, vinagre de manzana (disuelva dos cucharadas en un vaso de agua, tres veces al día). Consuma complemento de vitaminas y minerales múltiples, complejo B, A, C, E y colina. Cálculos:

dése baños de asiento con cola de caballo. *Hierbas:* ortiga, vara de oro, alfalfa, sábila, diente de león, hierba gatera, consuelda, equinácea, cabellos de elote, palo de arco, gayuba, acedera, agracejo, cimífuga, pimiento rojo, hinojo, salvia, milenrama, bardana, hierba de San Cristóbal, cola de caballo, raíz de regaliz, perejil. Arenillas: cola de caballo, gayuba, agrimonia, abedul, vara de oro, hierbas suecas.

Tos. Consuma tejocotes, dátiles, higos, ciruela pasa, pasas, capulín; o haga un delicioso cocimiento con todos y tome varias veces al día.

Ulceras inflamatorias. Aplique cataplasmas de salvado de trigo o harina de linaza, lave con cocimiento de fenogreco.

Várices. Coma alimentos nutritivos y ligeros, tome bebidas verdes (clorofila). Haga ejercicio moderado y dése baños fríos. Consuma complemento de vitaminas y minerales múltiples, complejo B, A, C, E. *Hierbas:* alfalfa, castaño de indias, hamamelis, pimiento rojo o chile piquín, encinilla de mar, lobelia, corteza de roble blanco, sello de oro, consuelda mayor.

Várices ulcerosas. Arnica, llantén o bálsamo del Perú. Aplique fomentos de vinagre de manzana o de flor de muerto. Aplique cataplasmas de consuelda.

Vesícula biliar. Coma alimentos nutritivos y ligeros, tome bebidas verdes (clorofila). Haga ayuno de jugos de verdura y de fruta (tres días de jugo de manzana). La noche del último día antes de acostarse, tome tres onzas de jugo de limón y tres de aceite de oliva virgen, al siguiente día aplique una lavativa de agua con ajo (machaque siete dientes de ajo y póngalos en un vaso con agua, cuele y complete con agua tibia). El cuarto día coma ensalada y sopa de verduras y/o fruta al gusto.

Sonoterapia

> Las frecuencias eléctricas más bajas son las que estimulan las fuerzas creadoras más elevadas.
>
> EDGAR CAYCE

> El sonido afecta a cada átomo del cuerpo, porque tienen resonancia.
>
> HAZRAT INAYAT KHAN

La música y los sonidos pueden curar. La energía Cósmica (expresión del Espiritu en movimiento) se nos manifiesta en diversas formas de vibraciones como: sonidos, colores, materia, etc. Edgar Cayce, el bien amado místico de Virginia, Beach dijo: "Los colores son la espiritualización del sonido. El aura es una emanación vibratoria del cuerpo, ligada al sonido y a la luz solar."

El azúcar y la harina blanca destruyen el equilibrio cromático del cuerpo y del aura. Con el baño se limpia el aura de los fragmentos negativos de la energía magnética de los propios pensamientos y emociones y los recogidos de otras personas.

El ritmo, la armonía en los sonidos y los tonos, despiertan la actividad del alma en la dirección que indica la armonía misma. Tonalidades y sonidos, son el camino por los que se coordinarán las energías del cuerpo.

- **Música griega:** el semitono, estimula más al cuerpo físico.
- **Música hindú:** el $\frac{1}{4}$ de tono va destinado al cuerpo mental.
- **Música del antiguo Egipto:** $\frac{1}{3}$ de tono afecta al cuerpo emocional.

Los sonidos y las tonalidades son auxiliares de la terapia (la acción terapéutica depende del instrumento, el tipo de música y la forma de interpretación). El músico-terapeuta Jonathan Goldman propone la siguiente fórmula:

$$\text{Frecuencia} + \text{Intención} = \text{Curación}$$

La enfermedad es un desajuste vibratorio del cuerpo físico; es una inarmonía entre el cuerpo mental y el cuerpo espiritual, por ejemplo lo son: depresión, insomnio, ansiedad. Por medio de la música apropiada, se pueden romper los pensamientos inarmónicos que crean angustias obsesivas. La música tiene el poder de disipar del corazón esos oscuros sentimientos. La sabiduría de la Naturaleza, se orienta a la salud del organismo que busca constantemente tener un estado de equilibrio.

Sabemos por medio de lo que sentimos que algunas melodías pueden calmar o alterar nuestro estado de ánimo. Es conveniente quitar la música que nos irrita y escuchar, con volumen suave, la que llene nuestro espíritu profundamente, que nos ayude a tener paz mental y a elevar el nivel espiritual fortaleciendo las relaciones humanas.

Los psicofonistas dicen que han localizado las partes del cuerpo que tienen "orejas", que escuchan, que perciben las vibraciones musicales y estas son: la piel, la columna vertebral y los huesos del cráneo. Los sonidos ricos en elevada armonía tendrán una acción energética en la persona. Los sonidos graves agotarán las reservas energéticas hasta provocar a veces la extenuación total de la persona, dice Alfred A. Tomatis.

La música africana original tenía como objetivo espiritual la de abrir los chakras. De su paulatina "decadencia se derivan el jazz y posteriormente el rock pesado (Hard Rock)" que "machaca los chakras".

Cyrill Scott (escritor y médium), agrupa en cuatro, los instrumentos de una orquesta:
1. Los instrumentos de madera afectan al cuerpo emocional.
2. Los instrumentos de percusión y de metal afectan al cuerpo físico.
3. Los instrumentos de cuerda afectan la mente y las emociones.
4. El órgano y el arpa afectan los sentimientos de orden espiritual.

Para curar ¿qué música es la adecuada?

Toda. La instrumental y la voz humana, siempre que estén articuladas sobre música de la naturaleza.

Algunas recomendaciones: Algunos "gemidos" prolongados del violín pueden provocar efectos depresivos. Los instrumentos de cuerda son demasiado emocionales. A cardiacos se les recomienda la trompa. El violonchelo, es extraordinario en psicoterapia por sus armonías muy próximas a la voz humana, sus vibraciones se trasmiten por contacto directo físico a los centros glandulares de nivel inferior.

Cyril Scott dice que sin duda Mozart (sus piezas para violín) estaba sintonizado con los ritmos cósmicos. Que Brahms refleja un maravilloso arte de vivir. Que Chopin con su estilo de exquisito refinamiento nos trasmite esa suavidad diáfana de ensueño. Que la música de Mendelssohn nos ayuda a liberar emociones que nos permiten la expresión de compasión...

Guía de música para curar algunos síntomas

Sistema nervioso (calmante)	Mozart: Concierto para piano y orquesta # 21 Vivaldi: Las 4 estaciones Handel: Música acuática Tchaikovsky: Concierto para piano No.1 primera parte (un extracto breve es el que ejerce la acción terapéutica) Dvorak: Octava sinfonía Beethoven: El cuarto movimiento de la 9a Sinfonía
Depresión	Rachmaninov: Concierto # 2 primer movimiento
Insomnio	Debussy: Preludio para La siesta de un fauno Chopin: Nocturnos Dvorak: Serenata para cuerdas
Hipertensión	Mozart: Concierto en Re menor para piano y orquesta Ravel: La valse Vivaldi: El astro armónico
Arritmia	Mozart: Réquiem Gounod: Ave María Schumann: Sueños
Insuficiencia cardiaca	Giuseppe Verdi: Aída Dvorak: Sinfonía del nuevo mundo Wagner: Obertura de Rienzi
Angina de pecho	Chopin: Baladas, Danubio azul, El canto de la primavera
Amarse uno mismo	Beethoven: Cuarto movimiento de la 9a Sinfonía. Wagner: Preludio de Parsifal
Evitar el deseo de dormir a cualquier hora	Ravel: Dafnis y Cloe
Estimulante	Handel: Música para juegos reales de artificio
Neutralizar	Juan Sebastian Bach: El área de la suite # 3
Disonante	Musorgski, Straviski, Schönberg (la disonancia mental se combate con la disonancia musical)
Para estudiar	Música Barroca "largo" Mozart: Sonata en Re mayor K448 (375ª) en 2 pianos Mozart: Andante con variaciones en Sol mayor K501 (piano a 4 manos) Beethoven: Concierto para violín y orquesta en Re Opus 6

Todos los "iniciados": Pitágoras, Platón, Leonardo da Vinci, Dante Alighieri, Kepler, etc., han hablado de la "música de los mundos" o "música de las esferas" (planetas). Neptuno nos trae consciente o inconscientemente el recuerdo de la música de las esferas, también a través de los caracoles con su "Canto del Mar". Boecio propone esta equivalencia entre los planetas y las notas:

Mercurio	DO		Marte	SOL
Luna	RE		Sol	LA
Saturno	MI		Venus	SI
Júpiter	FA			

Música de la Era de Acuario

Esta música pretende en forma general, crear en el oyente una sensación de gran espacio (la percepción de espacios infinitos que da Urano) e intenta activar de manera armoniosa los Centros Energéticos (chakras) del cuerpo. Esta música recurre al sintetizador, que da la oportunidad de conocer nuevas combinaciones de sonidos, preparándonos para percibir algún día la música de las esferas con su riqueza de armonías e introducirnos a diferentes estados de conciencia.

La voz humana es una herramienta curativa

La tradición atribuye la música al signo de Tauro que rige la garganta.

"Cada especie mineral, vegetal o animal, vibra en una longitud de onda específica y emite su canto para sí misma."

El cuerpo humano es un instrumento musical, todo en él es canto y armonía si se deja ir con su esencia…" dice el profesor Tomatis. "Si habláis demasiado inmediatamente después de despertar, estaréis malgastando vuestra energía vital", dice el Maestro Mantak Chia. "La palabra humana, por su ritmo embrujador, engancha las vibraciones del Universo, emite armonías celestes, pero también puede desencadenar agitaciones peligrosas y destructivas (gritos de guerra tradicionales). Todo se corresponde: el ritmo de la palabra, el ritmo del sonido y del tono… agita ritmos poderosos en lo invisible." Dice Henri Durville.

Canto, música, meditación y oración van unidas y resultan de gran ayuda para madurar psicológicamente. La alegría del corazón se expresa a través del canto y los movimientos rítmicos del cuerpo (danza). Los efectos del canto (cantar estimula al cerebro, lo recarga de energía) y de la música instrumental (bajo el influjo de ciertos sonidos) en las glándulas endocrinas, permiten la circulación de la energía vital (energía divina). Esto se produce (en diferentes grados), durante la meditación o la oración, ya sea individual o colectiva, teniendo como primer efecto tranquilizar a la persona. "Ayúdense con la música de la naturaleza." Escuchar o contemplar las olas del mar es otra forma excelente de meditación.

Los centros glandulares (chakras) pueden abrirse, conectándose a las energías divinas o espirituales a través del canto de los "mantram" hindúes como la sílaba OM (el mantram más sutil y más divino; su repetición mental armoniza todo el psiquismo y estimula poderosamente todas la funciones del cerebro y tiene un efecto esencial que es la comunión con la armonía del cosmos) o de su versión egipcia AREIOUM, que pronunciándolas al ritmo de las propias cuerdas vocales en una forma determinada ar-ar-r-r-e-e-e-oo-oumm, despiertan en lo más profundo del alma la posibilidad de hacer contacto con el amor del Padre.

Edgar Cayce dijo que llevemos nuestra mente a "conectarse" sintiendo esa esencia sutil pasar por las energías físicas, haciéndolas ascender a lo largo de los centros glandulares, dinamizándolos a través de los sonidos O-O-O-AH-AH-UMM-O-O-O (asegura que esto procede del Templo de la Belleza del Antiguo Egipto); practicándolo, se despierta la fuerza Kundaline, después se dirigirá sobre el prójimo como una bendición. "En la palabra existe una magia, una carga emocional que hace de ella un detonador o un mensajero espiritual."

La meditación despierta los centros glandulares (que mantienen unidos nuestros tres cuerpos: físico, mental y emocional) o chakras (remolinos de energía), para conectarlos con la presencia divina.

La rotación de los cuerpos celestes genera el campo magnético de éstos; de ahí se forman fenómenos como las "auroras boreales". El doctor Francis Lefébure (que ha realizado diversos estudios científicos) dice que al representar un objeto en rotación facilita la meditación (meditación giroscópica), también dice que cada uno de nosotros podemos construir de una manera espontánea y natural el sonido cuya resonancia y ritmo favorezcan los movimientos en remolino del pensamiento y recomienda en particular el empleo constante del OM, porque estima que lleva a grandes progresos en el plano mental favoreciendo la inteligencia y desarrollando las facultades psíquicas.

El canto gregoriano, es una alabanza, una oración… donde el Ser se encuentra con su realidad… y se enlaza con la creación, de cara a su Creador, cuyas alabanzas canta junto con todo el Universo, dice el profesor Tomatis, un gran especialista en la terapia a través de la voz:

—El canto gregoriano actúa en el plano psíquico, sobre las emociones y las pasiones turbulentas.

—La sonoridad sosegada del Ángelus del atardecer emite una radiación multicolor.

Sonidos curativos por las onomatopeyas

¡Ay, ay, ay!, decimos (casi en todos los idiomas) cuando tenemos dolor. Con la repetición del mantram *ai* obtenemos en cierta medida la trasmutación del dolor, que se aminora, se relaja, cuando el sonido adquiere mayor intensidad.

Marie-Louise Aucher señala que las emisiones de sonido espontáneas o la expresión instintiva de las emociones, provienen del cuerpo, "de puntos de surgimiento" que siempre son "puntos de apoyo de la respiración, en su nacimiento y en su final".

El maestro Mantak Chia recomienda sonidos y colores para sanar, que en la actualidad imparte como cursos de superación personal en algunas universidades. Antiguamente la medicina taoísta enseñaba a curar a través de un sonido especial para cada órgano enfermo.

Corazón. Siéntese, extienda los brazos hacia los lados, palmas hacia arriba, respire profundo al tiempo que sube los brazos y entrelaza los dedos con las palmas hacia arriba (el movimiento se sigue con los ojos). Incline los brazos con suavidad hacia la derecha. Abra la boca redondeando los labios y exhale el sonido JAAAAAA. Imagine el propio corazón vaciándose de agitaciones, impaciencia, arrogancia, crueldad, etc. Después de tres a seis respiraciones, visualice el corazón de color rojo y llénelo de creatividad, honor, alegría, rectitud, sinceridad. Repita de tres a seis veces o más en caso de inflamación de las encías o la lengua, dolor de garganta, problemas del corazón o inestabilidad emocional.

Pulmones. Siéntese, apoye las manos con las palmas hacia arriba sobre los muslos. Inhale profundamente, vaya levantando los brazos por enfrente sin estirarlos demasiado hasta la altura de los ojos, gire las manos de manera que las palmas queden hacia fuera y hacia el techo. Junte los dientes hasta que se toquen con suavidad y con los labios entreabiertos jalando las comisuras. Mire hacia arriba, exhale el sonido SSSSSSSSS, visualice la pleura contraída, expulse el calor excesivo, la energía negativa, la depresión, el pesar, la tristeza enferman.

Al terminar de exhalar, gire las palmas hacia abajo a la postura inicial.

Cierre los ojos y concéntrese en los pulmones. Respire profundamente tres veces, visualice una luz blanca y sienta que la rectitud, el desapego y el valor llenan sus pulmones; trate de sentir el intercambio de energía fresca por energía caliente. Repita de tres a seis veces o más si está resfriado, tiene enfisema, asma, depresión o dolor de muelas.

Riñones. Siéntese con las piernas juntas tocando rodillas y tobillos. Inhale profundamente mientras se inclina hacia delante, rodeando las piernas con las manos entrelazadas; estire los brazos empujando hacia atrás la espalda para ejercer un poco de presión en el área de los riñones; la cabeza hacia atrás, sienta un estirón en la espina dorsal. Redondee los labios y exhale el sonido JUUUUU, contrayendo el abdomen hacia los riñones imaginando que expulsa de las membranas de los riñones, la energía enferma, el calor, el exceso de humedad y el miedo. Al término de la exhalación regrese a la postura inicial.

Cierre los ojos y concéntrese en los riñones visualizándolos de color azul, respire tres veces; al inhalar, sienta como los riñones se llenan de gentileza y quietud. Repita todo de tres a seis veces; si está fatigado, tiene mareos, zumbido de oídos o dolor de espalda haga más repeticiones.

Hígado. Siéntese, extienda los brazos hacia los lados con las palmas hacia arriba. Inhale profundamente, al mismo tiempo suba los brazos entrelazando los dedos con las palmas hacia arriba siguiendo el movimiento con los ojos. Jale los brazos un poco hacia el lado izquierdo de forma que sienta un tirón suave en el hígado. Con los ojos abiertos exhale el sonido SHHHHHH, visualice cómo expulsa del hígado y del cuerpo el calor, el enojo excesivo o la cólera.

Al terminar la exhalación, regrese las manos a la posición de inicio. Haga tres respiraciones con los ojos cerrados, sonríale al hígado, visualice color verde y bondad inundando su hígado. Repita de tres a seis o más si hay enojo, cólera, ojos amarillos, rojos o llorosos, para desintoxicar el hígado de amarguras.

Bazo. Siéntese e inhale profundo, al mismo tiempo coloque los dedos índices en el lado izquierdo de la parte inferior de las costillas. Presione mientras se empuja con la espalda exhalando el sonido GUUUUUU (con vibración en las cuerdas vocales) y sintiendo que expulsa el calor, la energía enferma, las preocupaciones, la impaciencia, la ansiedad, la lástima. Regrese a la posición inicial. Cierre los ojos y visualice el bazo, el páncreas y el estómago, irradiándolos con luz amarilla, llenándolos de imparcialidad, apertura, paciencia y justicia. Repita de tres a seis veces o más, para eliminar náuseas, diarrea o indigestión.

Centros de energía corporal

La sección superior es caliente: cerebro, corazón y pulmones.
La sección media es tibia: hígado, riñones, estómago, páncreas y bazo.
La sección inferior es fría: intestinos, vejiga y órganos sexuales.

El sonido Jiiiiiiiii sirve para equilibrar la temperatura de los tres niveles de los centros de energía (sistema parasimpático). Su color es el blanco. Acuéstese boca-arriba con los ojos cerrados, brazos a los lados y palmas hacia arriba. Inhale profundamente, en la exhalación pronuncie el sonido Jiiiiiiiii visualizando que le pasa una aplanadora de la cabeza a los pies, vaciando todo. Durante las tres exhalaciones de reposo visualice color blanco; sintiendo paz y equilibrio.

Terapia de música y colores

A los terapeutas se les sugiere escuchar música pastoral mientras tratan a sus pacientes.

Marie-Louise Aucher estableció las siguientes equivalencias entre las notas musicales y los colores:

Sistema YIN (mujeres y niños)		Sistema YANG (hombres)	
DO	rojo	SOL	rojo
RE	naranja	LA	naranja
MI	amarillo	SI	amarillo
FA	verde	DO	verde
SOL	azul	RE	azul
LA	añil	MI	añil
SI	violeta	FA	violeta

Se detectan las regiones con deficiencia del enfermo y las notas musicales que le corresponden. Se le sugiere que señale el color que más le gusta. Por ejemplo, si es hombre y señala el color rojo, tiene problemas en las gónadas. Debe vestirse de rojo y escuchar música militar.

Ani Williams estableció las siguientes equivalencias

DO
Chakra Muladhara
(base o raíz)
Rojo

Mantram: OM PARA SHAKTI YE NAMAHA
Conexión mente-cuerpo: DO+SI
Cáncer y sida: DO+SI+LA
Cuerpo emocional: supervivencia, sexualidad, control personal, dependencia/represión
Cuerpo físico: sistema circulatorio y hormonal (estrógenos), músculos grandes
Se asocia con: problemas de la piel, envejecimiento prematuro, infección de oído, mala absorción de nutrimentos, cansancio, reuma, herpes

RE
Chakra Svadistana
(bazo)
naranja

Mantram: GATE GATE PARA GATE PARA SAM GATE BODHI SVAHA
Confusión y amnesia: RE+MI
Esclerosis muscular: RE+LA
Cuerpo emocional: miedo, adicciones, baja autoestima
Cuerpo físico: diabetes, hipoglucemia, páncreas, bazo, hígado, vesícula biliar, digestión; asimilación de almidones y grasas; complejo B

| **MI**
Chackra Manipura
(plexo solar)
amarillo | **Mantram:** OM AH RA PA TSA NA DHI
Problemas respiratorios y alergias: MI+SI
Cuerpo emocional: lento aprendizaje, represión, necesidad de ser necesitado
Cuerpo físico: sistema respiratorio, sistema linfático |

| **FA**
Chakra Anahata
(corazón)
verde | **Mantram:** OM TARE TUTARE TURE SOHA
Cuerpo emocional: autenticidad, discernimiento, confianza, poco compasivo, dejar para mañana las responsabilidades
Cuerpo físico: sistema urinario
Se asocia con: corazón, timo, insomnio, disminución de presión arterial, intercomunicación celular |

| **SOL**
Chakra Visudha
(garganta)
azul | **Mantram:** OM MANE PEDME HUM
Cuerpo emocional: deshonestidad, depresión, da al cuerpo físico más importancia, comunicación
Cuerpo físico: sistema estructural, sistema nervioso, presión arterial alta, dolor de cabeza y de garganta, tiroides. Bajo en minerales y utiliza el complejo B
Se asocia con: sistema inmunológico, sistema respiratorio, problemas cerebrales y linfáticos, verrugas |

| **LA**
Chakra Ajna
(entrecejo)
índigo | **Mantram:** OM AH RA PA TSA NA DHI
Cuerpo emocional: confianza, creatividad bloqueada, poca motivación, prioridad a lo subjetivo
Cuerpo físico: problemas oculares y de oídos, glándula pituitaria, toxinas, asimila minerales
Se asocia con: sistema glandular, problemas digestivos, mal de Parkinson, Altzheimer, nicotina |

| **SI**
Chakra: Sahashrara
(coronilla)
violeta | **Mantram:** OM AH RA PA TSA NA DHI
Conexión mente-cuerpo: SI+DO
Problemas respiratorios y alergias: SI+MI
Mal de Parkinson: SI+RE
Cáncer y sida: SI+DO+LA
Cuerpo emocional: disperso, cree que merece más de la vida, mártir, egoísta
Cuerpo físico: sistema nervioso, epilepsia, sistema circulatorio purifica la sangre
Se asocia con: metabolismo, paratiroides, artritis, bioquímica del aparato circulatorio, herpes, lupus, sífilis. |

Aromaterapia

La aromaterapia es una modalidad terapéutica muy antigua, se le considera un arte curativo a través de aceites esenciales que se extraen de flores y hierbas por destilación y presión (también existen otros métodos para algunas especies en particular). Aceite esencial es la esencia extraída del vegetal aunque no tenga apariencia aceitosa. Los aceites esenciales por ser sensibles a la luz solar, deben guardarse en frascos de vidrio color azul o ámbar y a temperatura ambiente. Si se les agrega alcohol se altera y afecta su aroma.

No se puede generalizar el efecto de los aceites esenciales, porque es probable que dos personas reaccionen de diferente manera ante el mismo estímulo. Los aceites son adaptables en sí mismos o se mezclan de acuerdo a las necesidades individuales. Puede observar con atención el estado de su mente y de sus emociones y escoger el aceite que le sea apropiado y agradable al olfato. Se aplican en la piel o se inhalan, sirven para tratar problemas específicos, ya sean emocionales o la disfunción de algún órgano. La curación incluye la comprensión psicológica de la enfermedad, masajes, vaporizaciones, inhalaciones, aplicación cosmética, terapia de baño y una dieta adecuada y nutritiva, ejercicio. Esta es una terapia complementaria para ayudar a las personas a mejorar su calidad de vida, armonizando su existencia.

Las esencias florales se desarrollaron para y están destinadas a ayudar a la transformación de bloqueos emocionales, la actitud o los patrones de comportamiento que impiden la realización o el potencial latente. Provocan un cambio en la conciencia y la estructura energética en todas las edades y circunstancias de cualquier nivel en la vida de los seres humanos. Las pueden utilizar terapeutas calificados para complementar algún programa de salud y de un desarrollo interior.

Se recomiendan las esencias florales exquisitamente refinadas del doctor Edward Bach, médico galés, que descubrió sus propiedades curativas. Él afirmaba que "El verdadero origen de las enfermedades físicas se encuentra en nuestro interior, en las actividades negativas frente a nosotros mismos y frente a la vida, en la debilidad de carácter y en las divergencias anímicas." Esta es una medicina sutil, sencilla y sin efectos nocivos. Estos remedios florales es una serie de 37 elíxires naturales extraídos de flores silvestres de la región de Gales, Gran Bretaña, y un remedio extraído del agua de roca, y un remedio de rescate, que a su vez está constituido por cinco de sus remedios, con efecto poderoso para los problemas inmediatos difíciles.

Entre los problemas emocionales que se pueden tratar están: miedo en todas sus formas, indecisión, inseguridad, ansiedad, celos, angustia, tristeza, desesperación, depresión, irritabilidad, coraje, poca concentración, mala memoria, pereza, orgullo, apatía, intolerancia, tensión, estrés, traumas, culpas, remordimientos, amargura, rencor, rigidez, conformismo.

Aromas del Ayur-veda

El Ayur-veda es la más antigua y completa de las ciencias hindúes tradicionales de la salud. Su objetivo es conservar la salud, prevenir y tratar las enfermedades. Salud desde este enfoque es el equilibrio perfecto.

El Ayur-veda se basa en que la mente y el cuerpo humano están influidos por cinco elementos básicos: aire, tierra, agua, fuego y éter (espacio), y que al combinarse dos elementos se forman los principios operativos superiores o dosha. Hay tres dosha y están relacionados entre sí de tal forma que si se desequilibra un dosha, se desequilibran los tres. Cuando se observan los síntomas y el estado mental se puede identificar qué dosha está desequilibrado para aplicar la combinación adecuada de aceites esenciales que restablecen el equilibrio.

1. VATA
(éter y aire)

Controla la respiración, la circulación sanguínea, el movimiento, la digestión y el sistema nervioso central. Cuando hay mucho VATA, las personas se mueven de prisa, piensan con rapidez y muestran un temperamento nervioso.

Aromas VATA. Para equilibrar este dosha use aromas cálidos, dulces y ácidos.

Cálidos: Albahaca, angélica, cardamomo, hinojo, mejorana, pachuli, vetiver, cedro, clavo, canela, jengibre, incienso.

Dulces: Jasmín, lavanda, sándalo, rosa, vainilla, mandarina, toronja, naranja, manzanilla, amaro, ylang-ylang.

Ácidos: Lima, limón.

Sabores VATA. Salado, dulce, ácido, aceitoso.

2. PITTA
(fuego y agua)

Controla el metabolismo; la asimilación del agua y los alimentos. Las personas PITTA son cambiantes como el viento.

Aromas PITTA. Es bueno utilizar aromas dulces, frescos y también aromas dulces-cálidos como canela e hinojo.

Dulces: Manzanilla, canela, hinojo, cilantro, jazmín, geranio, amaro, sándalo, cardamomo, ylang-ylang.

Fríos: Pino, menta, ciprés, hierba limonera, lavanda, amaro.

Sabores PITTA. Astringente, amargo, dulce.

3. KAPHA (tierra y agua) Controla la estructura ósea, la formación de músculos, grasa y articulaciones. Las personas KAPHA suelen ser realistas y tranquilas.

Aromas KAPHA. Para equilibrar este dosha use una mezcla de aromas picantes y cálidos, también use algunos aceites dulces, sin embargo un exceso de aroma dulce incrementa el Kapha. Así es que los aromas más dulces deben mantener una posición subordinada como: geranio, cilantro y bergamota y resaltar los aromas acres como el jengibre, pimienta negra, enebro y romero.

Cálidos. Cedro, bergamota, albahaca, mejorana, cilantro, romero, mirra, incienso, geranio.

Picantes. Jengibre, pimienta negra, clavo, canela.

Manutención del hogar

Para aromatizar la casa

En un frasco grande de vidrio o de porcelana ponga en capas los siguientes ingredientes intercalando con sal marina: rosas de Damasco abiertas y en botón; violetas; flores de naranjo y de jazmín; un poco de raíz de lirio; 15 g de cada uno: benjuí y estoraque; 100 g de almizcle (musk); 100 g de raíz de Angélica en trozos; un puño de cada uno: mejorana, lavanda y romero; tres naranjas cubiertas con clavo (especia). Tape bien el frasco y déjelo reposar varios días en un lugar fresco y oscuro. Cuando quiera aromatizar una habitación, sólo destape el frasco.

Cómo extraer la esencia de las flores

En una vasija de barro, ponga una capa de flores y otra de sal fina; repita hasta llenar el recipiente. Tápelo bien y colóquelo en un lugar oscuro y fresco durante 40 días. Después cuele sobre un tramo de manta de cielo y exprima bien la pulpa. Ponga la esencia en una botella de vidrio limpia y expóngala al sol seis semanas. Vierta la esencia en una botella con rociador y aromatice su casa.

Prolongue la frescura de sus flores

Para que las flores le duren mucho tiempo en su florero, ponga al agua un poco de alcanfor, bicarbonato de sodio, sal de amoníaco o salitre (agua débil).

Limpiadores naturales

Lustrador para madera
- Aplique una mezcla de $^1/_2$ limón con dos porciones de aceite para cocinar. Lustre la madera con una tela suave.
- Mezcle aceite de trasmisión (de coche) y gasolina en partes iguales.
- Manchas de fruta, limpie con un trapo humedecido con aceite y sal.
- Limpie los muebles con silicato de sodio, evita los hongos.
- Elimine las manchas blancuzcas con un paño humedecido en aceite de ricino o de oliva; déjelo reposar un rato y pula para sacar brillo.

Removedor de manchas en el piso
- Moje el suelo con vinagre, déjelo $^1/_2$ hora. Seque con trapo húmedo. Para manchas persistentes, utilice un cepillo.

Para limpiar linóleos
- Lávelos con agua jabonosa fría. Si están muy sucios use un poco de aguarrás, enjuague y deje secar. Pula y saque brillo.
- Si los linóleos tienden a romperse, páseles un trapo con aceite de linaza y aguarrás.

Para limpiar pisos de parquet
- El parquet barnizado se pone como nuevo si lo frota con té negro frío. A los no barnizados páseles un trapo húmedo con agua y detergente. En las zonas más sucias utilice un poco de alcohol y luego seque con un trapo y agua tibia. Encere.

Cajones
- Si sus cajones cierran o abren con dificultad, póngales en las guías un poco de jabón de pan o cera de vela.

Para pulir
- Espolvoree sal sobre la superficie y frote con un trapo mojado con limón.
- Sobre la superficie espolvoree bicarbonato de sodio y frote con trapo húmedo. Enjuague. Limpie con trapo húmedo.

Para limpiar cerámica
- Para quitar manchas de café, pase un trapo húmedo en agua con sal fina.

Para limpiar ventanas y espejos
- Mezcle una porción de vinagre por cinco de agua, ponga en un envase con rociador. Aplique y seque con papel periódico.
- Mezcle partes iguales de agua salada, amoníaco y alcohol. Limpie.
- Los anteojos de cristal no se le empañarán si les pasa un poco de glicerina, vaselina y jabón seco. Quite el exceso y limpie con un paño.

Aromatizantes (refrescantes)
- Hierva canela con clavo de olor.

- Mantenga la casa bien ventilada.
- Coloque de 30 a 60 ml de bicarbonato de sodio en frascos pequeños alrededor de la casa y dentro del refrigerador.

Repelente para polilla
- Coloque trozos chicos de cedro o flores de lavanda en una bolsa de tela y guárdela dentro de la ropa.

Para limpiar el horno
- Haga una pasta de bicarbonato de sodio con agua.
- Mezcle 30 ml de jabón líquido para platos con 15 ml de bórax en una botella con rociador de un litro, rocíe el área, espere una hora y talle con fibra de acero.

Para limpiar excusados
- Para limpiar la superficie utilice bicarbonato de sodio y talle con un cepillo.
- Para quitar moho, rocíe vinagre, espere $1/2$ hora y cepille con agua.

Para limpiar alfombras y tapicería
- Limpie las manchas inmediatamente con agua mineral.
- Rocíe fécula de maíz en el tapete, espere $1/2$ hora y aspire.

Para limpiar y pulir plata
- Talle la superficie con una mezcla de jugo de limón y sal, saque brillo con un trapo suave.
- Coloque papel aluminio en el fondo de un recipiente de acero inoxidable, llénelo con agua hirviendo, agregue 15 ml de bicarbonato de sodio y 15 ml de sal, coloque la plata (no artículos bañados de plata) en el agua durante 10 minutos.

Para limpiar joyas de oro y plata
- Lave con agua jabonosa y seque bien, métalas en alcohol y después, pula con cuidado.

Para limpiar objetos de cromo
- Humedezca en petróleo un tramo de lana y limpie los objetos, quiere que brillen más, use un trapo suave y un poco de harina.

Cuero
- En lugares húmedos, el cuero se llena de moho, evítelo, cubriendo su superficie con aguarrás. El cuero se mantendrá suave si lo cubre con aceite de ricino. Humedezca un trapo con agua y acetona, y limpie sus bolsas de piel, sáqueles brillo con cera.

Tijeras para uñas
- Para afilarlas, corte con ellas una hoja de lija extrafina.

Para limpiar drenajes
- Mantenga sus drenajes limpios con baños de agua hirviendo, dos veces por semana.
- Vierta 125 ml de bicarbonato de sodio y 125 ml de vinagre en el tubo del drenaje y cubra con un tapón.

159